Südtirol
Schlösser und Burgen

Helmut Dumler

Mit Tourenkarten zum Heraustrennen

BRUCKMANN

DER AUTOR
Helmut Dumler, geboren 1940 in Augsburg, ist einer der bekanntesten Wander-
buch-Autoren. Seit 1968 arbeitet er als freier Journalist und ist mit mehr als 100 Ti-
teln erfolgreich. Außerdem arbeitet er als Fotograf, Vortragsreferent und Reiseführer
(u.a. in Südtirol) und ist ein ausgewiesener Kenner Süd- und Nordeuropas.

Eine Produktion des Bruckmann-Teams, München
Lektorat: Dr. Renate Dernedde
Layout und Satz: Gramma GmbH, München
Kartografie: Anneli Nau, München
Umschlagvorderseite: © Udo Bernhart

Alle Fotos im Innenteil von Helmut Dumler

Alle Angaben dieses Werkes wurden vom Autor sorgfältig recherchiert und auf den
aktuellen Stand gebracht sowie vom Verlag auf Stimmigkeit geprüft. Für die Richtig-
keit der Angaben kann jedoch keine Haftung übernommen werden. Für Hinweise
und Anregungen sind wir jederzeit dankbar. Bitte richten Sie diese an den Bruckmann Verlag, Lektorat, 80632 München.
Bei allen vorgestellten Wanderungen sind Ausgangspunkt und Endpunkt identisch;
aufgeführt ist der Ausgangsort.

Gedruckt auf chlorfrei gebleichtem Papier

Die Deutsche Bibliothek – CIP Einheitsaufnahme
Ein Titeldatensatz für diese Publikation ist bei
Der Deutschen Bibliothek erhältlich

Gesamtverzeichnis gratis:
Bruckmann Verlag, 80636 München
Internet: www.bruckmann.de

© 2001 Bruckmann Verlag, GmbH, München
Alle Rechte vorbehalten.
Printed in Italy by Printer Trento S. r. l.
ISBN 3-7654-3568-6

PIKTOGRAMME ERLEICHTERN DEN ÜBERBLICK:	Schwierigkeits-grad:		Weglänge
	○ leicht		Gehzeit
	◑ mittel		Höhenunterschied
	● anspruchsvoll	☺	kindgerecht

INHALT

Hinweise zur Benutzung – Piktogramme 2

Oswald von Wolkenstein

Wenn diese Steine reden könnten …

… nämlich die Bruchsteine, Quader und Ziegel, mit denen Wehranlagen verstärkt, Mauern gefügt, Türme hochgezogen und Paläste errichtet wurden. Diese Steine wären imstande, tausendmal mehr zu erzählen als ein Historiker. Nur die Steine könnten ausführlich und objektiv referieren aus der Geschichte und über die Menschen, die darin eine Rolle gespielt haben, aber auch vom Heer der Untertanen, das ängstlich emporstarrte zu den Symbolen von Macht und Willkür. Außerdem hatten Burgen und Schlösser natürlich die Funktion von Straßensperren und Kontrollposten.

Südtirol besitzt rund 120 Burgen, Schlösser und Ruinen sowie etwa 200 Ansitze, mehr als jede andere Region dieser Größenordnung. Das liegt nicht zuletzt an der mittelalterlichen Bedeu-

tung Südtirols als Transitraum zwischen Deutschland und Italien.

Der Adel lebte bis zur zweiten Hälfte des 11. Jahrhunderts in Ortschaften oder auf Höfen. Die »klassischen« Burgen sind Schöpfungen der Feudalzeit vom späten 11. Jahrhundert bis zum 14. Jahrhundert. Sie wurden abgelöst von burgenähnlichen Schlössern, wie man sie vor allem in der

Kastelbell im Vinschgau

Renaissance gestaltete. Waren anfangs nur Bischöfe und Grafen die Gründer der Burgen, so fanden sie ab dem 12. Jahrhundert in ihren Dienstmannen willige Nacheiferer, freilich nur mit Erlaubnis der hohen Herren. Um das Jahr 1175 sind acht Höhenburgen von Ministerialen registriert, gegen 1200 schon die doppelte Anzahl, verteilt auf ein Dutzend Geschlechter. In die drei Jahrzehnte nach 1225 »fallen die Erstnennungen bzw. der Bau von nicht weniger als der Hälfte aller 82 in Tirol bis gegen 1300 nachweisbaren Dienstmannenburgen«, recherchierte der Innsbrucker Martin Bitschnau für seine Dissertation »Burgen und Adel in Tirol zwischen 1050 und 1300«, ohne die das vorliegende Buch in seinen Grundzügen mangelhaft geblieben wäre.

Schließlich verfügten knapp drei Dutzend Geschlechter über die Burgen im gesamten Tirol. Das änderte schlagartig der Regierungsantritt Graf Meinhard II. im Jahr 1258. Der Burgenbau durch Ministeriale kam zum Stillstand. Gleichzeitig verlor diese Gruppe an Eigenherrlichkeit, Geld und Einfluss, denn ihre Posten erhielten nun besoldete Beamte – Ergebnis der rigorosen Zäsuren in der Politik des Meinhardiners. Und der unterstand nur dem deutschen König.

Burgen und Schlösser sind die ausdrucksstärksten Zeugen der bedeutendsten und glanzvollsten Epoche Südtirols geblieben.

Der Charakter der Landschaft

Südtirol bzw. die italienische **Provinz Bolzano** in der Region Trentino-Alto Adige (= Hoch Etsch, für Südtirol) stößt in ihren Grenzen, die über den **Zentralalpenkamm**

Blick über das Bozener Unterland oberhalb Auer zu Penegal und Gantkofel

verlaufen, an die Länder Schweiz und Österreich, im Landesinneren an die Provinzen Sondrio, Trentino, Belluno. Fläche: 7400,43 km². Davon liegen 64,4 % höher als 1500 m; unproduktiv sind 22,2 %, landwirtschaftlich genutzt 36,8 %, Wald 39,3 %, betrieblich nicht genutzte land- und forstwirtschaftliche Fläche 1,7 %.

Das Grundgefüge zeichnen **die drei längsten Flüsse** Etsch (Reschenpass – Salurner Klause) über insgesamt 410 km in die Adria, Eisack 95 km, Rienz (Pustertal) 90 km sowie primäre und sekundäre Seitentäler der bestimmenden Gewässer. Höchster Gipfel: Ortler 3905 m.

Geologie

Die Geologie und somit auch das äußere Erscheinungsbild sind von starken Kontrasten geprägt, die vielfach nahe beieinander liegen. Der Zentralalpenkamm mit den **Stubaier, Ötztaler** und **Zillertaler Alpen** besteht überwiegend aus Schiefergneisen und Glimmerschiefer, d. h. aus kristallinem, durch Metamorphose entstandenem Schiefer.

Das Pustertal ist identisch mit der »Pustertaler Linie« als Abschnitt einer langen alpinen Zerstörungslinie. Ihre Fuge trennt geologisch die Zentralalpen (Zillertaler Alpen) von den Südalpen (Dolomiten).

Aus Vulkanen geboren

Eine zentrale Stellung in der Geologie Südtirols nimmt die Bozener Porphyrplatte ein: die größte derartige Formation in Europa. Es handelt sich, plausibel formuliert, um ein rund 280 Millionen Jahre altes Vulkangestein, mit einer Dicke von bis zu 1400 Metern. Dieser Quarzporphyr ist nicht Bestandteil der Europäischen Erdkrustenplatte, sondern bildet den Nordrand der Afrikanischen Platte, erkannten erst 1991 Wissenschaftler der Universität Innsbruck.

Die Dolomiten bestehen im Gegensatz zum überwiegenden Teil der Alpen nicht aus »Falten« bzw. übereinander geschobenen und durcheinander gekneteten Schichten, sondern aus mehrheitlich ungestörten Schichtfolgen »vom kristallinen Untergrund bis hinauf zu den jüngsten erhaltenen Gesteinen« (Prof. Dr. Werner Heißel).

Klima

Die klimatischen Bedingungen entsprechen der jeweiligen Höhenlage und Position. Der **Vinschgau** übrigens ist das niederschlagsärmste Tal des gesamten Alpenraumes!

Das Klima im Jahresdurchschnitt:

	Temperatur	Niederschläge	Regentage
St. Valentin/Reschen (1474 m)	5 °C	707 mm	79
Sterzing (948 m)	8,6 °C	795 mm	107
St. Leonhard/Passeier (693 m)	10,5 °C	1169 mm	108
Brixen (560 m)	10,8 °C	618 mm	89
Bozen (262 m)	12,6 °C	760 mm	83

Flora und Fauna

Pflanzen- und Tierwelt entsprechen den unterschiedlichen bioklimatischen Verhältnissen, wozu Höhenlage und Sonnenexposition beitragen, aber auch chemische Reaktionen der Bodenbeschaffenheit. So dehnt sich das Wachstumsgebiet vom **Weinbau**

über die Hügelstufen bis an die Gipfelregionen und umfasst die **kontinental-alpine** und **südalpine Vegetation**.

An **Wild** gibt es Stein-, Schwarz-, Rot- und Damwild, Gemsen, Füchse, Hasen, Waldschnepfen, Rebhühner, Alpen-Schneehühner, Tannenhäher. Im Schilfröhricht suchen Zwergdommel, Wasserralle, Teichrohrsänger, Drosselrohrsänger, Rohrammer ihre Nahrung. Hoch gelegene Moore sind beliebte Balzplätze für Auer- und Birkhuhn;

typischer Falter dort: **Hoch-moorgelbling**, dessen Raupen sich von der Rauschbeere ernähren. Im Unterwuchs leben Mauswiesel, Igel, Haselmaus, Siebenschläfer. Für wärmebedürftige Zippammern, Ortolane, Felsenschwalben, Zwergohreulen, Steinhühner, Steinrötel, Orpheusgrasmücken, Zaunammern liegt hier die Nordgrenze ihrer Verbreitung. Zu den Reptilien zählen drei giftige Schlangenarten –

> **Pflanzenschutz**
>
> Verboten ist das Pflücken und Aufbewahren von Pflanzen und Pflanzenteilen folgender Arten: Kuhschelle, alle einheimischen Arten, z. .B. Schwefelgelbe Anemone, Pelzanemone, Dolomiten-Akelei, Großes Schneeglöckchen, Türkenbund, Feuerlilie, Orchideen, alle einheimischen Arten, z. B. Waldhyazinthe, Schwarzes Kohlröschen, Braunelle, Frauenschuh, Seidelbast und Steinröserl, Karthäuser Nelke, Gemeine Spechtwurz, Primeln, Schlüsselblumen, alle einheimischen Arten wie Blauer Speik, Felsaurikel, Platenigl mit Ausnahme der Frühlingsschlüsselblume, Alpenveilchen, Schlernhexe bzw. Alpengrasnelke, Enzian, alle einheimischen Arten, Gelbe Schwertlilie, Weiße Seerosen, Rohrkolben, Gelbe Teichrose, Schopf-Rapunzel bzw. Teufelskralle, Himmelsherold, Dolomitenschafgarbe, Edelweiß, Echte Edelraute, Mäusedorn.
>
> Von allen anderen wild wachsenden Pflanzenarten dürfen insgesamt je Person und Tag höchstens zehn Blütenstände gepflückt werden.
>
> Pilzesammeln unterliegt örtlichen Bestimmungen!

Kreuzotter, Hornotter, Aspisviper – sowie die seltene Äskulapnatter, Bergmolche, Alpen- und Feuersalamander; zusammen **12 Reptilienarten** (8 Schlangen, 4 Eidechsen), allesamt gefährdet. Wie der Flusskrebs, Bachneunauge, Schmerle, Steinbeißer, Grundel, Stichling und marmorierte Forelle, eine in den nördlichen Adriazuflüssen endemische Unterart der Bachforelle. Von den **7398 Tierarten** in Südtirol, die untersucht wurden, sind 3064 Arten (41 %) potentiell bis stark gefährdet!

Wanderung durch die Geschichte

Der »Mann im Eis«, die Auffindung des jungsteinzeitlichen **»Homo tirolensis«** (»Ötzi«, welch blöder Name!) im September 1991 am Hauslabjoch über dem Schnalstal lieferte den Beweis dafür, dass Menschen bereits vor 5200 Jahren vergletscherte Regionen bewältigten oder zumindest dorthin gelangten. Andere Entdeckungen, wie beispielsweise die 1993 in Feldthurns oder 1997 am Ganglegg ob Schluderns (40 Min. zu Fuß) beweisen, dass schon am Übergang von der Stein- zur Bronzezeit in den hiesigen Alpentälern eine beachtliche Kultur blühte.

Ab dem Mittelalter

Das deutsche Kaiserreich belehnte den Bischof von Trient mit der Grafschaft Bozen und dem Vinschgau, den Bischof von Brixen bezogen auf das südliche Tirol mit dem Eisacktal.

Die Grafen von Tirol breiteten ihre Macht aus. 1248 hatte Albert III. die trentinischen und brixnerischen Grafschaften sowie die Vogtei (mit Halsgerichtbarkeit) über die Hochstifte Trient und Brixen in seinen Händen. Geburtsjahr Tirols!

Meinhard II., vollendete in der zweiten Hälfte des 13. Jahrhunderts das territoriale Vermächtnis seines Großvaters Albert.

1363
Landesfürstin Margarethe – ohne leibliche Erben – übergab Tirol ihrem Verwandten Rudolf IV. von Habsburg, Herzog von Österreich. Die Union Tirols mit Habsburg, dem mächtigsten Fürstenhaus Süddeutschlands, eröffnete vollkommen neue Perspektiven. Für Österreich bedeutete es u. a. die Kontrolle der Alpenübergänge zwischen Deutschland und Italien.

1420
Meran wurde durch Innsbruck als Hauptstadt Tirols abgelöst.

16./17. Jahrhundert
Landesfürst Maximilian, »Erwählter Römischer Kaiser« ab 1508, vergrößerte Tirol durch den Krieg gegen Venedig (1509–1516) südlich bis in Höhe des Gardasees, südöstlich bis Cortina.
Bauernkrieg 1525/26; die Reformation berührte Tirol am Rande, obwohl Aufständische agierten. Mancherorts machten sich »Wiedertäufer« breit; hunderte endeten 1536 in Innsbruck auf dem Scheiterhaufen. 1545–1563 Wiederherstellung (Gegenreformation) der Glaubenseinheit durch das Konzil zu Trient.
1602 begann das Bergwerkssterben. Zwischen 1632 und 1646 raffte die Pest 20 000 Menschen dahin.

Land und Politik

Bei der jüngsten Landtagswahl 1998 – findet alle fünf Jahre statt – erhielt die Südtiroler Volkspartei (SVP) 56 % der Stimmen bzw. 21 Sitze, gefolgt (9,7 %, 3 Sitze) von der Alleanza Nazionale mit den Liberalen sowie den Grünen (Verdi, 6,5 %, 2 Sitze); angetreten war mehr als ein Dutzend Parteien.

Special

Die »Maultasch«

»Maultasch« war der Übername für die Tiroler Landesmutter Margarethe (1318–1369). Warum »Maultasch«? Vornehmlich wird der Spitzname auf ihre Physiognomie bezogen. Lion Feuchtwangers Roman »Die hässliche Herzogin Margarethe Maultasch« schildert sie zwölfjährig: »... unter einer kleinen platten Nase sprang der Mund äffisch vor mit ungeheuren Kiefern, wulstiger Unterlippe«. Feuchtwanger (1884–1958) dichtet der Herzogin sexuelle Ausschweifungen an, lässt Grausamkeit keimen. Wesentlich freundlicher koloriert dagegen die Volksschriftstellerin Fanny Wibmer-Pedit (1890–1969) ihr Porträt, und Johannes von Winterthur, ein zeitgenössischer Mönch, schwärmt von ihr, sie sei »pulcherimma« gewesen, überaus schön. Der Innsbrucker Historiker H. Wieser sieht in »Maultasch« ein derbes Schimpfwort für eine unsittliche Frau. Ihre erste Ehe war nämlich nicht kirchlich geschieden. Unbestritten sind beide Klugheit, Energie und politische Begabung der letzten Regentin auf Schloss Tirol. Sie starb vereinsamt in Wien.

Die Landesregierung als ausführendes Organ sorgt für die Verwirklichung der Gesetze und ist zuständig für die Verwaltung. Den Landeshauptmann – zurzeit Dr. Luis Durnwalder aus dem Pustertal – und die Regierungsmitglieder wählt der Landtag aus den Reihen seiner Abgeordneten, die ihren Status beibehalten.

Bevölkerungs- und Sprachgruppen

Dieser Betrachtung liegt die letzte Volkszählung 1991 zugrunde. Anteil der deutschen Sprachgruppe 58,2 %, der italienischen 27,42 %, der ladinischen 4,3 % sowie 10,01 % ansässige Inländer ohne gültige Erklärung der Sprachgruppenzugehörigkeit und ansässige Ausländer (deren Zahl an illegalen Afrikanern, Albanern, Osteuropäern, Asiaten in einer Grauzone verschwindet); von den rund 450 000 Einwohnern Südtirols sind rund 98 % römisch-katholisch.

Einige Beispiele:

	Deutsche	**Italiener**	**Ladiner**
Abtei	2,39 %	2,07 %	95,55 %
Brixen	71,68 %	27,03 %	1,29 %
Klausen	91,52 %	8,07 %	0,49 %
Meran	50,46 %	49,01 %	0,53 %
Salurn	37,9 %	61,31 %	0,78 %
St. Ulrich	11,07 %	4,98 %	83,94 %
Tramin	97,11 %	2,75 %	0,14 %

Wirtschaft

Ausgehend von der Erhebungen 1991 sind von den insgesamt 178 053 Beschäftigten 51 082 im produzierenden Gewerbe, 61 974 im Handel und 64 997 anderweitig tätig.

Diese Zahlen verdeutlichen die wirtschaftlichen Schwerpunkte des Landes, wobei aber z. B. im **industriegesättigten Bozen** die Werte wesentlich anders aussehen als in der Kurstadt Meran oder in den Tourismusgebieten.

Wichtigste landwirtschaftliche Produkte: Mit rund **18 000 Apfelplantagen** zählt Südtirol zu den größten Anbaugebieten Europas.

Andersherum: Jeder zehnte EU-Apfel der 15 Sorten vor Ort kommt aus Südtirol. Wurden vor 120 Jahren noch 800 Waggons (je 10 Tonnen) gepflückt, sind es unterdessen jährlich 70 000–80 000 Waggons. Davon gehen 40 % in den Export. Außerdem 552 186 kg geerntete Trauben bzw. 128 143 hl erzeugter Weißwein und 265 493 hl Rotwein.

Special

Apfelseminare gibt es beispielsweise in Eppan jeden Montag 10 Uhr, in Kaltern Freitag 15 Uhr, in Leifers Dienstag 17 Uhr, in Auer Donnerstag 17 Uhr über Pflanzenschutz und Beregnung.

Vom Tisch … und aus dem Keller

Die ursprüngliche Esskultur – sofern noch geachtet und gepflegt – steht in Allianz zur verklungenen **österreichischen Monarchie**. Vorzügliche Spezialitäten: Mehlspeisen wie Knödel in verschiedensten Zubereitungsarten, Kaiserschmarren, Schlutzkrapfen (ähnlich kleinen Maultaschen), gefüllt mit Spinat oder Topfen. Tradition haben auch Forellen, während z. B. Kalbskopf gebacken oder sauer, Kalbshirn, Milzschnittensuppe sowie diverse Innereien nur noch selten die Speisekarte bereichern, im Gegensatz zu ideenlosen »Schnitzelarien« inklusive Pommes frites. Spaghetti, Polenta, Lasagne, Ravioli, Risotto, Minestrone, Pizza sind Zugeständnisse an die italienische Küche.

Im Gegensatz dazu stehen **Spezialitätenwochen** wie beispielsweise »Villnösser Spezialitätenwochen« und »Knödelwochen unterm Schlern« in Kastelruth (Juni), »Gsund und Guat Essen im Vinschgau« und »Mortiner Bratltoge« in St. Martin/Passeier (Juli), »Kastanienwochen« in Feldthurns und »Kuchlkastl« in Völs (Oktober).

Täglich Obstmarkt in Bozen

»Gian m'r spargelen« ab Ende März hat Tradition, besonders im

»Goldenen Spargeldreieck« Terlan – Vilpian – Siebeneich. Der einstmals deftige, kernige **Speck** ist vielfach an Kaugummi erinnernden Fabrikerzeugnis degeneriert, in chemischem Schnellverfahren »geräuchert«, teilweise von holländischen Mastschweinen. Ebenfalls nicht fehlen darf bei einer Marende (Nachmittagsjause) frischer **Käse**, **Kaminwurz** (verwandt mit bayerischer »Landjäger«), das **»Vinschgerl«** (Brotfladen) oder luftgetrocknetes Roggenbrot bzw. **»Schüttelbrot«** (»Breatl«).

Ein belebendes Element seit nachgewiesenermaßen rund 3000 Jahren ist der Wein, heutzutage größtenteils in Genossenschaften- oder Privatkellereien gekeltert.

Gepflegte Eigenbauweine

Angestammte Südtiroler Rebsorten sind **Vernatsch** – 80 % der Rotweine –, Gewürztraminer, Lagrein. Andere Sorten gesellten sich vor über 100 Jahren aus europäischen Anbaufluren dazu, etwa die roten französischen Edelsorten Blauburgunder, Merlot, Cabernet. Bei den »Weißen« dominieren Weißburgunder, Ruländer, Chardonnay vor Silvaner, Müller-Thurgau, Veltliner, Sauvignon, Riesling, Kerner. Bei den Süßweinen bestechen das zarte Rosenaroma des Rosenmuskatellers und der aromatisch-elegante Goldmuskateller.

Die acht kontrollierten Ursprungsbezeichnungen der **DOC-Weine** (Denominazione di origine controllata): Südtirol (ca. 2900 ha Anbaufläche), Kalterersee (1000 ha), Südtirol St. Magdalener (300 ha), Südtirol Eisacktaler (220 ha), Südtirol Terlaner (150 ha), Südtirol Bozner Leiten (20 ha) und Südtirol Vinschgau (15 ha).

Zusammen beträgt die Jahresproduktion rund **400 000 hl**: 2/3 Rotweine, 1/3 Weißweine. Bei letzteren haben Weißburgunder und Chardonnay, aus denen auch Sekt nach klassischem Flaschengär-Verfahren hergestellt wird, einen Mengenanteil von 50 %.

> **Tipp**
>
> **Törggelen** hat nomenklatorisch nichts mit dem Zustand nach dem Törggelen zu tun, sondern leitet sich ab von der Torggl (Weinpresse). Törggelen, ursprünglich vom 11. November, wenn die Gärung des »Nuien« vorüber war, bis »Katharina« (25. November), ist leider durch die Einflüsse des Massentourismus stark »verwässert« und in der ursprünglichen Zelebration nur noch im kleinen, häufig privaten Kreis erlebbar. Schwerpunkte echter Törggelenkultur sind das Eisacktal zwischen Brixen und Bozen, der Raum Bozen – Meran sowie der untere Vinschgau.
>
> Verkostet wird neben dem neuen Wein auch der »Sußer«, der noch nicht vergorene Traubensaft. In den großen Rahmen gehört in jedem Fall eine Schlachtplatte (Selchkarree, Surfleisch, Hauswurst), Kraut, Knödel, Kren (Meerrettich). Überdies Speck, Kaminwurzen, geröstete Kastanien (»Köscht'n«), Nüsse, heiße Kartoffeln in der Schale. Zusätze sind hausgemachte Schlutzkrapfen, »Krapfelen« entweder einfach fettgebacken oder gefüllt mit Marmelade, Mohn, Birnemus, Kloatzn (getrocknete Früchteschnitten) etc.

Weinpresse (»Torggl«)

Scharfe Tropfen

Aus der Traubenmaische wird »Treber« gebrannt, ein klarer Schnaps, gemeinhin italienisch **»Grappa«** genannt.

Der viel gerühmte »Williams« rechtfertige seinen geistigen Anspruch, denn jeder »Tropfen duftet und schmeckt nach reifen **Williams Christbirnen**«, wirbt einer der größten Hersteller.

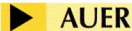 AUER

Höhe: 250 m	
Einwohner: 2960	Wanderung: 22

Lage: Verkehrsdrehscheibe im Etschtal südlich von → **Bozen**, an der nördlichen Basis von **Castelfeder**.

Sehenswert: Spätgotische Pfarrkirche St. Peter, an Stelle einer romanischen, 1975 in den Grundmauern teilweise freigelegten Kirche.

▶ BOYMONT

Höhe: 580 m	Wanderung: 19

Lage: Burgruine nordwestlich von → **St. Pauls/Eppan**, benachbart mit **Hocheppan**.

Geschichte: Höchstwahrscheinlich erteilte Graf Ulrich II. von Eppan im Jahr 1235 den Bauauftrag, möglicherweise für seine Söhne Georg und Friedrich, unter der Sachverwaltung des um 1245 verstorbenen Ministerialen Heinrich von Boymont. Die Burg war 1425 Opfer eines Brandanschlages, danach Ruine. Seit 1977 Besitz des 1997 verstorbenen Eppaner Altbürgermeisters (1952–1977) Fritz Dellago; siehe auch → **Korb**.

Geöffnet: Ostern–Allerheiligen 10.30–17.30 Uhr.

▶ BOZEN

Höhe: 262 m	
Einwohner: 97 051	Wanderungen: 14, 15, 16

Lage: An der Mündung von Etsch und Eisack.

Wissenswert: Provinzhauptstadt, wirtschaftliches, geistiges, kulturelles und kirchliches Zentrum Südtirols. Eisenbahn- und Straßenverkehrsknotenpunkt, Autobahnanschlüsse. An heißen Sommertagen Smoggefahr! Kostenloser **Fahrradverleih** in der Bahnhofsallee.

Sehenswert: Gotische Bischofskirche, 62 m hoher Turm, »Löwenportal«, Sandsteinkanzel, Fresken. Dominikanerkirche, Kreuzgang und Johanneskapelle mit Freskenzier des 14. Jahrhunderts. Franziskanerkloster, spätgotischer Kreuzgang, Krippenaltar von Hans Klocker aus der Zeit um 1500. Südtiroler Archäologiemuseum, u. a. »Ötzi«. Städtisches Museum. Merkantilmuseum. Naturmuseum. Schulmuseum.

▶ BRIXEN

Höhe: 560 m
Einwohner: 18 301   Wanderung: 7

Ausschnitt des von Wandermalern reich freskierten Kreuzganges neben dem Dom in Brixen

Lage: An der Mündung von Rienz und Eisack; drittgrößte Stadt Südtirols.

Geschichte: Gründung gewissermaßen 901, bezeugt auf einem zu Regensburg ausgestellten Diplom von König Ludwig dem Kind, dem letzten Karolinger, der »curtis Prihsna« (Gehöft Brixen) dem Bischof Zacharias von Säben schenkte: Anlass der Verlegung des Bischofssitzes von **Säben** nach Brixen und letztendlich Entstehung der **Bischöflichen Hofburg**.

Sehenswert: Spätgotischer, freskierter **Dom-Kreuzgang**, einer der großartigsten im gesamten Alpenraum. Daneben die **ehemalige Bischofskirche**, ursprünglich ottonisch-romanisch, barocker Umbau Mitte des 18. Jahrhunderts. Bürgerkirche **St. Michael**, spätgotische Halle, 1758 barockisiert; »Weißer Turm« als Kirchturm – Wahrzeichen Brixens.

▶ DORF TIROL

Höhe: 596
Einwohner: 2111   Wanderung: 29

Lage: Nordwestlich von → **Meran** an den Flanken der Texelgruppe, einer Untergruppe der Ötztaler Alpen.

Sehenswert: Pfarrkirche St. Johannes, Informationsblatt.

▶ EHRENBURG/ORT

Höhe: 806 m
Einwohner: etwa 700   Wanderung: 4

Lage: Ortschaft bzw. Fraktion der Gemeinde Kiens im Pustertal, um das gleichnamige Schloss.

Sehenswert: Pfarrkirche Mariä Himmelfahrt, heutige Gestalt 1698–1701 unter den Grafen Künigl. Eine der schönsten Barockkirchen Südtirols. In der Krypta die Gnadenkapelle der »Kornmutter«, zu der alljährlich Anfang Juni ein Bittgang stattfindet. Turm von 1600; integriert in der Sonnenuhr ist eine Ansicht des Schlosses vor dem Barockumbau. An der Südseite Künigl-Gräber.

▶ ELZENBAUM

Höhe: 983 m	
Einwohner: ca. 150	Wanderung: 2

Hof der Fahlburg; reizvolle Einkehr in spätmittelalterlicher Atmosphäre

Lage: Südöstlich (3,5 km) von **Sterzing** am Rand des Eisacktales unweit Burg.

Sehenswert: Ansitz Senftenberg (Haus Nr. 13), 1638 vom damaligen Reifensteiner Pfleger Jeremias Kofler erbaut.

▶ FAHLBURG

Höhe: 617 m	Wanderung: 18

Lage: In **Prissian**.

Wissenswert: An Stelle eines Turmes aus dem 13. Jahrhundert entstand die regelmäßige Spätrenaissance-Viereckarchitektur mit zwei Fassadentürmchen ab 1600 unter Landeshauptmann Jakob Andrä von Brandis, dessen Nachkommen, die Grafen Brandis, noch Besitzer sind. Seit 1999 Restaurant und Jausenstation, geöffnet außer Dienstag 11.30–22 Uhr. Im Stuckmarmor-Hochaltar der Kapelle ein 1632 datiertes Allerheiligenbild; Seitenaltar mit Antonius-Bild.

▶ FELDTHURNS

Höhe: 856 m	
Einwohner: 2470	Wanderung: 8

Lage: Am westlichen Hang des Eisacktales, südwestlich von → **Brixen.** Gemeindesitz.

Bemerkenswert: 1986 entdeckten Bauarbeiter eine 4000 Jahre alte Steinplatte mit magisch-kultischen Zeichen. 1993 legten dort

Archäologen eine Kultstätte aus dem 3. Jahrtausend v. Chr. bzw. der »Glockenbecherkultur« frei, zu der auch der »Mann im Eis« (»Ötzi«) gehörte. Derartige megalithische Kultstätten wurden bisher weitgehend unversehrt lediglich in Aosta und Sitten ausgegraben. Eine römische Bronzemünze (235 n. Chr.) könnte antike Besiedelung verraten.

Sehenswert: Im Ort die kleine, gotische (romanische Langhausmauern) St. Laurentiuskirche mit »schiefem Turm« aus dem 16. Jahrhundert. Unterhalb des Ortes die Pfarrkirche Maria Himmelfahrt, spätgotisch, 1515 geweiht, zwischen 1894 und 1899 umgebaut nach Plänen des Wieners Anton Weber.

Glurns. »Kirchporten« – Tauferer Tor der geschlossen erhaltenen Stadtmauer

▶ GLURNS

Höhe: 907 m
Einwohner: 866   Wanderung: 34

Lage: Im Vinschgau an der Mündung des Münstertales; kleinste Stadt der Alpen.

Sehenswert: Einzige unversehrt erhaltene **Stadtbefestigung** Tirols. In dem zwischen 1500 und 1510 errichteten Tauferer Tor (»Kirchporten«) das Stadt- und Heimatmuseum. Dieses Tor stellt ein Unikum dar, denn es verfügte an der Außen- wie an der Innenseite über eine Zugbrücke. Am Malser

Tor rekonstruierter, begehbarer Wehrgang. **Laubengasse** des frühen 16. Jahrhunderts. Spätgotische Pfarrkirche St. Pankraz; Schlüssel im Tourismusbüro.

▶ HOCHGALSAUN

Höhe: 795 m   Wanderung: 31

Lage: Burgruine im Vinschgau, auf schroffem Fels nordöstlich von **Kastelbell**.

Geschichte: Aus der 2. Hälfte des 13. Jahrhunderts, 1423 erobert und zerstört; ab 1755 Besitz der Grafen Hendl (**Kastelbell**).

▶ KLAUSEN

Höhe: 523 m	
Einwohner: 4522	Wanderung: 9

Lage: Im Eisacktal, zu Füßen von Kloster **Säben**.

Wissenswertes: Künstlerstädtchen, Mittelpunkt einer Großgemeinde. Romantischer Stadtkern von unversehrtem Charakter. Von Albrecht Dürer verewigt im Kupferstich »Das große Glück«.

Sehenswert: Stadtmuseum mit »Lorettoschatz« im ehemaligen Kapuzinerkloster. Spätgotische Pfarrkirche St. Andreas.

Ursprünglich im frühen 13. Jahrhundert erbaute Rundkapelle St. Sebastian auf der Spitalwiese; im Hintergrund Kloster Säben.

▶ KORB

Höhe: 444 m	Wanderung: 19

Lage: Schloss nordwestlich von → **St. Pauls/Eppan**.

Sehenswert: Restaurant und Vier-Sterne-Hotel in mittelalterlichen Mauern und balkonähnlicher Position. Besitz der Familie Dellago (→ **Boymont**).

▶ LANA

Höhe: 289 m	
Einwohner: 9390	Wanderung: 25

Lage: Weiträumige Gemeinde – Ober-, Mittel-, Niederlana – im Etschtal südwestlich von → **Meran**.

Wissenswert: Größte Obstanbaugemeinde Südtirols (ca. 1500 ha), jährliche Ernte rund 5000 Waggons (je 10 t). Das schwarze Kreuz der seit 1215 ansässigen Deutschordenspadres (Priorat) bildet mit dem roten Brandis-Löwen das Ortswappen. 1990 feierte Lana tausendjähriges Jubiläum.

Sehenswert: Pfarrkirche Niederlana, spätgotischer Schnatterpeck-Altar, größter Flügelaltar im Alpenraum. Obstbau-Museum im Ansitz Larchgut; u. a. älteste datierte Weinpresse (1570) des Landes.

▶ MAREIT

Höhe: 1039 m
Einwohner: ca. 1000   Wanderung: 1

Lage: Ridnauntal westlich von →**Sterzing**, zu Füßen von **Schloss Wolfsthurn**.

Geschichte: Der größte Ort der Gemeinde Ratschings war früher Verkehrsknotenpunkt am Urweg Jaufenpass – Pardaun – Telfes – Sterzing sowie an der »Unteren Erzstraße« von der Schneeberger Erzaufbereitungsanlage im Talhintergrund nach Sterzing. Erste urkundliche Erwähnung 1112 als »Moricht«.

Sehenswert: Pfarrkirche St. Pankraz an der Stelle eines spätgotischen Baus; 53 m hoher Turm, von 1685–1686 barockisiert. Hauptaltarbild »Himmelfahrt Marias« (18. Jh.). Im Chor Gewölbemalerei von 1811: Verhör des Jugendmärtyrers Pankratius durch Kaiser Diokletian. An der Südseite des Friedhofs die Sternbach'sche Grabkapelle (Schloss Wolfsthurn), neugotisch von 1850; Pietà aus gelbem Marmor. An der Ostseite die barocke Friedhofskapelle (Mitte 18. Jh., gewöhnlich geschlossen), einzigartige Darstellung »Tod« und »Tödin«.

In den Lauben pulsiert das Leben von Meran.

▶ MERAN

Höhe: 325 m
Einwohner: 33 980   Wanderung: 27

Lage: Internationaler Kurort; Verkehrsdrehscheibe und zweitgrößte Stadt Südtirols an der Mündung der Passer in die Etsch.

Sehenswert: Gotische Pfarrkirche St. Nikolaus; Sandsteinkanzel und Flügelaltar aus der Zeit um 1500. Nebenan Barbara-Kapelle: doppelgeschossiger gotischer Zentralbau. Altertümliche Lauben im Stadtkern auf einer Länge von 400 m zwischen **Kornplatz** und **Pfarrplatz**. Kurpromenade an der Passer.
Museumscard für alle Meraner Museen.
Botanischer Garten, eröffnet 2000 um Schloss Trauttmannsdorff.

 **MORTER**

Höhe: 730 m
Einwohner: ca. 1000   Wanderung: 32

Lage: Bauern- und Ferienort an der Mündung des Martelltales; Fraktion von Latsch.

Sehenswert: Vigiliuskirche, Weiheinschrift aus dem Jahr 1080, eines der beachtenswertesten romanischen Gotteshäuser im Vinschgau, kleeblattförmige Apsiden, Freskoreste; Schlüssel bei Leo Haringer im nahen Bauernhof (Platzergasse 30). Pfarrkirche St. Dionys, 1479 geweiht, Freskenzyklus von 1604.

 NALS

Höhe: 331 m
Einwohner: 1536   Wanderung: 18

Lage: Wein- und Apfelbauerndorf an der westlichen Etschtalseite zwischen → **Bozen** und → **Meran**.

Wissenswert: Infolge der im Frühjahr reichlich blühenden Rosen auch »Rosendorf« genannt.

Sehenswert: Schwanburg, prunkvoll ausgebaut im so genannten »Überetscher Stil« (Renaissance-Sonderform) durch Jakob August Freiherr von Boymont-Payersberg. Die Schulden waren so erheblich, dass sein Sohn die Burg an die Grafen Trapp (**Churburg**) verkaufen musste. Weinkellerei, keine Innenbesichtigung.

▶ **NEUMARKT**

Höhe: 217 m
Einwohner: 4273   Wanderung: 23

Lage: Hauptort des Bozener Unterlandes, auf der östlichen Seite des Etschtals.

Wissenswert: Gründung 1189 unter Bischof Konrad von Trient, ausgestattet mit Zoll- und Steuerfreiheit. Entwicklung zum wichtigen Warenumschlagplatz mit Ballhaus und Verladeplatz für die Etschflößerei.

Sehenswert: Historische Laubengasse aus dem 13. Jahrhundert. Pfarrkirche St. Nikolas, hochgotischer Chor, großartige Fresken, z. B. Evangelistensymbole im Gewölbe des rechten Seitenschiffes. **Museum für Alltagskultur.** Alte Schmiede von Gottlieb Andergassen (Andreas-Hofer-Str. 75). Ende August: Laubenfest.

▶ PRÖSELS/ORT

Höhe: 857 m
Einwohner: rund 100   Wanderung: 13

Lage: Dörfchen bei Schloss **Prösels**.
Sehenswert: Kirche St. Nikolaus, ursprünglich
romanisch (Apsis), spätgotisch erneuert. Wand-
gemälde in der Chorwölbung (Mitte 15. Jh.).
Pulverturm, 13 m hoch, aus dem 13. Jahrhundert, Holztreppen zur Plattform.

▶ ROTUND

Höhe: 1517 m   Wanderung: 35

Lage: Burgruine nördlich von → **Taufers**; eine
der höchstgelegenen Südtirols.
Geschichte: Erstmalige Erwähnung 1164 als »Ro-
tunde«, was sich auf den runden Bergfried bezog.
Die Herren von Rotund (und Reichenberg) waren
zunächst Churer Ministeralien, später Dienstleute der Grafen von
Tirol.

Ausblick vom Pulverturm auf Schloss Prösels

▶ SALURN

Höhe: 224 m
Einwohner: 2873   Wanderung: 24

Lage: Südlichster Ort Südtirols an der Salurner Klause.
Sehenswert: Pfarrkirche St. Andreas (1628–1640), erster frühba-
rocker Zentralbau Südtirols mit starken Einflüssen lombardischer
Spätrenaissance; am linken Seitenaltar ein Bild der Rosenkranz-
Madonna mit Kaiser Leopold I. Titschenbach-Wasserfall.

▶ SAND IN TAUFERS

Höhe: 865 m
Einwohner: 4777   Wanderung: 5

Lage: Abschluss des Taufer Tales, nördlich von Bruneck, beherrscht von der Burg **Taufers**.
Wissenswert: Wichtigster Ort und Tourismuszentrum des Taufe-
rer-Ahrntales.
Sehenswert: Im Dorfpark 2,7 m hohe, von einheimischen Schnit-
zern 1985 gearbeitete »Geschichtssäule« der hundertjährigen
Fremdenverkehrstradition.

▶ ST. MAGDALENA

Höhe: 382 m
Einwohner: rund 500   Wanderung: 14

Lage: Malerisches Weinbauerndorf nordöstlich von → **Bozen**; ansässig rund 15 Weingüter.

Sehenswert: Magdalenakirchlein, berühmte Fresken des 13./14. Jahrhunderts; Schlüssel im Kandlerhof.

▶ ST. PAULS/EPPAN

Höhe: 394 m
Einwohner: ca. 2000   Wanderung: 19

Special

Kostbarkeiten der Pfarrkirche

An der Säule gegenüber der Kanzel das Schnitzwerk »Maria und Jesuskind mit der Traube« (1460). Auf dem Kanzeldach eine Jakobus-Figur (1525) des schwäbischen Meisters Jörg Lederer. Romanisch-gotisches Triumphbogen-Kruzifix.

Lage: Obst- und Weinbauerndorf auf dem nördlichen Überetsch, südwestlich von → **Bozen**. Urpfarre des Überetsch, als solche 1147 genannt.

Sehenswert: »Dom auf dem Lande« bzw. Pfarrkirche, erbaut zwischen 1461 und 1552, deshalb spätgotische bis frühbarocke Stilelemente.

Malerische Ensemble St. Peter bei Schloss Tirol

▶ ST. PETER

Höhe: 596 m
Einwohner: etwa 50   Wanderung: 29

Lage: Häusergruppe und Kirche westlich von Schloss → **Tirol**.

Sehenswert: Eines der ältesten Gotteshäuser Südtirols, seltenes Beispiel einer Kreuzkuppelkonstruktion in karolingischer Art des 9./10. Jahrhunderts, auf spätantiken, frühchristlichen Fundamenten, mit spätottonischen, romanischen und gotischen Fresken. Im linken Teil unter dem Boden das »Römergrab«; Deckel hochheben. Beinhaus im Friedhof.

▶ SCHABS

Höhe: 772 m
Einwohner: etwa 800   Wanderung: 3

Lage: Nördlich von → **Brixen**, Hauptort der Gemeinde Natz-Schabs.

Sehenswert: Pfarrkirche der hl. Margaretha, spätgotischer Granitquaderbau; 63 m hoher Turm in Verwandtschaft zum »Weißen Turm« in Brixen.

▶ SCHENNA/ORT

Höhe: 620 m
Einwohner: 2659   Wanderung: 28

Lage: Ferienort oberhalb, nordöstlich von → **Meran**.
Sehenswert: Alte Pfarrkirche Mariä Himmelfahrt, ursprünglich Mitte 12. Jahrhundert (Porphyrquader im Turmfundament), Fresken aus der Zeit um 1400. Mausoleum für Erzherzog Johann und seine unstandesgemäße Gemahlin, die Ausseer Postmeisterstochter Anna Plochl. Besichtigung des Mausoleums von Montag–Freitag zwischen 10 und 11.30 Uhr sowie 15 und 16.30 Uhr.
Im Ortsteil St. Georgen großartige Kirche; geöffnet Montag–Samstag 10–12 Uhr, 14–18 Uhr

▶ SCHLUDERNS

Höhe: 921 m
Einwohner: 1783   Wanderung: 33

Lage: Im oberen Vinschgau, an der Mündung des Matscher Tales.
Sehenswert: Vintschger Museum, Pfarrkirche St. Katharina, romanischer Turm, spätgotischer Neubau von 1493, 1908/10 erweitert. Spätbarocker Hochaltar aus der Klosterkirche Marienberg. Friedhofskirche, geweiht 1518, Familiengruft der Grafen Trapp, Museum in der Oberkapelle.

▶ SCHRAMBACH

Höhe: 580 m
Einwohner: etwa 600   Wanderung: 8

Lage: Am westlichen Hang des Eisacktales, südwestlich von → **Brixen**.
Sehenswert: Hügelkirche St. Peter, heutige Gestalt aus dem frühen 16. Jahrhundert, meist geschlosssen.

▶ SEIS AM SCHLERN

Höhe: 1004 m
Einwohner: ca. 1300   Wanderung: 12

Lage: Luftkurort nördlich des Schlern, auf einem Mittelgebirgsplateau.
Sehenswert: Alljährlich im Juni Oswald-von-Wolkenstein-Ritt.

▶ SIGMUNDSKRON

Höhe: 240 m
Einwohner: etwa 150   Wanderung: 20

Lage: Häusergruppe, Fraktion von Eppan, südwestlich von → **Bozen**, an der Etschbrücke nahe der Burgruine **Sigmundskron.**

▶ STERZING

Höhe: 948 m
Einwohner: 5696   Wanderungen: 1, 2

Lage: In einem Kessel des oberen Eisacktals, an der Mündung des Ridnaun- und Pfitschtales.

Geschichte: Unter den antiken Römern Station »Vipitenum«, deshalb der italienische Name Vipiteno. Stadtbild aus dem 15. und 16. Jahrhundert, der Blütezeit des »Fuggerstädtchens« infolge des Bergbaus im Ridnauntal.

Sehenswert: Spätgotische **Bürgerhäuser** und **Lauben**. Der Zwölferturm aus der 2. Hälfte des 15. Jh. trennt die Neustadt (einer der schönsten Straßenzüge Südtirols) von der Altstadt. Gotische Spitalkirche Heilig Geist, ältestes Gotteshaus Sterzings. Bei der Stadtpfarrkirche, im einstigen Deutschhaus, Multscher-Altar-Museum mit Teilen des gleichnamigen, 1456–1458 gearbeiteten spätgotischen Altares.

Der Zwölferturm im Herzen von Sterzing.

▶ TAISTEN

Höhe: 1206 m
Einwohner: 1150   Wanderung: 6

Lage: Nördlich von → **Welsberg** im vorderen Gsieser Tal.

Bemerkenswert: Fraktion von Welsberg. Besiedelt schon zur Römerzeit vor rund 1700 Jahren. Geburtsort des großen Malers Simon Marenkl (Marenklhof, Neubau, heute Pension), der sich Simon von Taisten (ca. 1460–1530) nannte.

Sehenswert: »Jorgenkirchlein« (St. Georg), reicht ins 9. Jahrhundert zurück; 1498 spätgotisch eingewölbt. Fresken teilweise durch Simon von Taisten restauriert und neu geschaffen (u. a. Außenmauer, Chorbogen); Schlüssel im Haus nebenan. Typischen Tiroler Spätbarock zeigt die spätgotische, 1770–1782 umgebaute Pfarrkirche St. Ingenuin und Albuin (Brixener Diözesan-Heilige), in der Franz Anton Zeiller aus Reutte mit Farben zauberte.

▶ TAUFERS/MÜNSTERTAL

Höhe: 1240 m
Einwohner: 959   Wanderung: 35

Lage: Im Münstertal, südwestlich von → **Glurns**.

Sehenswert: St. Johann, im Volksmund »Santa Hans«, einst Hospiz des Johanniterordens, heutige Kirche überwiegend aus dem frühen 13. Jahrhundert, neu geweiht 1956. Grandioser romanischer und gotischer Freskenschmuck mit byzantinischen Einflüssen. Schlüssel nebenan im Haus Nr. 8.

▶ TERLAN

Höhe: 248 m
Einwohner: 3399   Wanderung: 17

Lage: Im Eisacktal zwischen → **Bozen** und → **Meran**.

Wissenswert: Heimat des weißen »Terlaners« und seit 100 Jahren Anbaugebiet des »Sauvignon«. Berühmt für Spargelkulturen.

Sehenswert: Pfarrkirche Mariä Himmelfahrt, hochgotisch. Der frei stehende Turm musste infolge extremer Neigung 1891/93 neu erbaut werden. An der Südseite, unter der Uhr, seit 1997 eine sich drehende Mondkugel. Freskenschmuck im Chor und an den Langhauswänden aus dem 14./15. Jahrhundert.

▶ TIROL

Höhe: 647 m   Wanderung: 29

Lage: Burgschloss nordwestlich von → **Dorf Tirol**.

Geschichte: Erbaut wahrscheinlich um 1130 von den Brüdern Berchtold und Adalbertus – »comes de Tieroles« – an Stelle eines Benediktinerinnenklosters. Der Bergfried erhielt nach Verfall 1903/04 wieder seine angestammte Höhe.

Wissenswert: Einstmals Regierungszentrale des Landes Tirol.

Sehenswert: Romanisch-lombardische Steinmetzarbeiten an der Kapellenpforte. In der Doppelkapelle das älteste erhaltene be-

malte Glasfenster Südtirols (Mitte 14. Jh.) sowie Fresken. Wehrgang. Archäologische Sammlungen des Landes. Dauerausstellung »Geschichte Südtirols«. Greifvogel-Flugschau täglich außer Montag 11.15 Uhr, 16.15 Uhr im Vogelfauna-Pflegezentrum.

Öffnungszeiten: Mitte März–Anfang Nov. 10–17 Uhr, Mo. Ruhetag.

Schloss Tirol vom Spazierweg, der in Dorf Tirol beginnt

▶ TSCHARS

Höhe: 653 m
Einwohner: ca. 1200   Wanderung: 31

Lage: Obstbauerndorf auf einem Schwemmkegel im mittleren Vinschgau, Gemeindeteil von **Kastelbell**.

Sehenswert: Pfarrkirche St. Martin, ursprünglich gotisch bzw. ins 8. Jahrhundert zurückreichend, nach dem Ortsbrand (um 1620) barockisiert und Turm mit Zwiebelhaube versehen. Über dem Spitzbogenportal das Mühlrad-Wappen der Hendl, denen Tschars zwischen 1531 und 1825 gehörte. Kostbarster Kunstgegenstand ist der »Trumser Herrgott«, ein spätromanisches Kruzifix.

▶ UMS

Höhe: 932 m
Einwohner: ca. 300   Wanderung: 13

Lage: Westlich des Schlern, östlich von Schloss → **Prösels**.
Sehenswert: Gotische Martinskirche, Barockaltar mit einem Bild des Bischofs Martin.

▶ UNTERMONTANI

Höhe: 754 m   Wanderung: 32

Lage: Burgruine an der Mündung des Martelltales, südöstlich von → **Morter**, unterhalb von **Obermontani**.
Geschichte: Aus dem 13. Jahrhundert, 1355 erstmals erwähnt: »Veste Nidern Muntaenye«. Gesamtanlage Ende des 18. Jahrhunderts dem Verfall preisgegeben.

▶ VÖLLAN

Höhe: 696 m	
Einwohner: ca. 1500	Wanderung: 25

Lage: Südwestlich oberhalb von → **Lana**.
Geschichte: Urkundlich 1189 erwähnt, soll vom römischen Eigennamen »Fullius« abgeleitet sein. Seit 1929 Fraktion von Lana.
Sehenswert: Bauernmuseum. Pfarrkirche St. Severin, einziges in Tirol dem Heiligen geweihtes Gotteshaus. In der Sakristei in den Rippenfeldern Darstellung der Heiligen Drei Könige.

▶ WAIDBRUCK

Höhe: 471 m	
Einwohner: 300	Wanderung: 10

Lage: Im Eisacktal an der Mündung des Grödnertales, unterhalb der → **Trostburg**.
Sehenswert: St.-Jodok-Pfarrkirche, als Hospitalkirche 1331 fertig gestellt, 1649 Um- und Neubau. Barocker Hoch- und Seitenaltar. Fresken an der Langhauswand.

▶ WELSBERG

Höhe: 1087 m	
Einwohner: 1280	Wanderung: 6

Lage: Im Hochpustertal, an der Mündung des Gsiesertales, unterhalb von Schloss **Welsperg**.
Sehenswert: Pfarrkirche St. Margaretha, spätgotischer Spitzturm, Langhaus 1736–1738, 1908 um ein Joch verlängert; herausragend die drei Altarbilder – Margaretha, Johann Nepomuk, Anbetung der Könige – des berühmten heimischen Barockmalers Paul Troger (1698–1762).

▶ WOLKENSTEIN/ORT

Höhe: 1563 m	
Einwohner: 2381	Wanderung: 11

Lage: Im hinteren Grödnertal. Ganzjährig Tourismusort.
Sprache: Muttersprache aller gebürtigen Grödnertaler ist das Ladinische (ähnlich rätoromanisch) und zugleich Amtssprache neben Italienisch und Deutsch.
Sport: Mehrfach Etappenziel der Radrundfahrt Giro d'Italia.

1 Schloss Wolfsthurn

Juwel im Ridnauntal:
Mareit – Schloss Wolfsthurn – Hotel Pulvererhof – Mareit

leicht

2 km

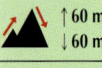

35 Min

↑ 60 m
↓ 60 m

ja

Tourencharakter: Einfache Rundwanderung, kurzzeitig auf Straße; kaum Schatten.
Beste Jahreszeit: Ostern–Herbst.
Ausgangsort: Mareit.
Wanderkarte: Freytag & Berndt 1:50 000, Blatt 4 (Sterzing, Jaufenpass, Brixen).
Markierungen: Hinweistafeln; rotweiße Zeichen.
Verkehrsanbindung: Ridnauntalstraße 7,5 km von Sterzing (nächster Bahnhof). Parken vor der Kirche bzw. neben dem Gasthof zum Stern.
Einkehr: Unterwegs Schlossschenke, Hotel Pulvererhof.
In Mareit Gasthof zum Stern.

Unterkunft: Gasthof zum Stern★★, Tel. 04 72/75 80 14. Ca. 800 m taleinwärts Hotel Pulvererhof★★★, Tel. 04 72/75 82 24. Weitere Hotels in der Umgebung, beispielsweise im Talhintergrund (Schau- und Erlebnisbergwerk Ridnaun) Gasthof Maiern★★, Tel. 04 72/66 62 44. Nächster Campingplatz in Gasteig: Gilfenklamm★, Tel. 04 72/77 91 32.
Tourist-Info: Tourismusverein, I-39040 Ratschings, Tel. 04 72/75 66 66, Fax 75 68 89, E-Mail: ratschings@dnet.it, Internet: www.ratschings.it

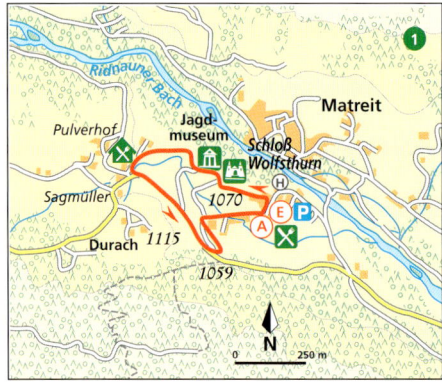

Im Sommer 1996 öffnete das Südtiroler Landesmuseum für Jagd- und Fischerei seine Tore in Wolfsthurn, einem der schönsten Barockschlösser Südtirols, gelegen abseits der Hauptverkehrsadern im landschaftlich unbeschadeten Ridnauntal bei Sterzing.

Der Wegverlauf

In → **Mareit**, rechts neben dem seit 1526 existierenden Gasthof zum Stern, der von der heimischen Familie Gitzl geführt wird, gehen wir ansteigend in Kehren (Holzgeländer) zur hohen, von einem **Pavillon** gekrönten Zinnenmauer des Schlosses **Wolfsthurn**. Es hat eine mächtige, durch einen Dreieckgiebel, zwei seitliche Türme und Mansardendächer gegliederte Fassade. Im linken (südlichen) Turm steckt der Bergfried der mittelalterlichen Burg. Ihr einfacher Palas, von dem am Eingang noch der durch ein Gitter versperrte Zugang erhalten ist, schloss sich nördlich

Tipp

Neben dem Schlossbesuch lohnt sich die Besichtigung des Südtiroler Bergbaumuseums im Talhintergrund bei Ridnaun; auch Wandermöglichkeiten.

an. Der Flügelaltar aus der Burgkapelle (um 1600) steht im zweiten Stockwerk im Rahmen der originalen Prunkräume des Schlosses, während das erste Geschoss das **Südtiroler Landesmusem für Jagd und Fischerei** birgt,

1

und zwar weniger aus rein naturhistorischer, sondern vielmehr aus kulturhistorischer Sicht, d. h. Jagd wird hier als Teil der Volkskunde verstanden. Im Keller gibt es für die jüngsten Besucher speziell eingerichtete Didaktikräume.

Den rückwärtigen **Kavalierstrakt**, einstmals Stallungen und Remise, bewohnt – sofern nicht in Innsbruck – die bürgerlichen Berufen nachgehende Familie (1 Sohn) des Ba-

Der Kavalierstrakt von Schloss Wolfsthurn.

rons Gobert von Sternbach, Besitzer von Wolfsthurn in der achten Generation. Entsprechend dem 1991 zwischen Gobert von Sternbach und Südtirol geschlossenen Vertrag, erhielt das Land das Gebrauchsrecht über vorläufig 15 Jahre für den Hauptflügel des Schlosses und übernahm die Sanierung der Gesamtanlage.

Wir verlassen das Schloss, halten uns rechts und gelangen entlang der Südmauer zur Rückseite des Kavalierstraktes, dessen schießscharteähnliche Fenster von hier zu erkennen sind. Weiter geht es auf dem Fahrweg durch die Allee. Am einstigen, künstlich angelegten **Fischweiher** des Schlosses gehen wir rechts vorbei. Ein Wiesenweg führt hoch zum **Hotel Pulvererhof** (1098 m); von Mareit 20 Minuten.

Nun wandern wir auf der Straße etwa 400 m talauswärts und absteigend und schließlich links vollends hinab nach **Mareit**.

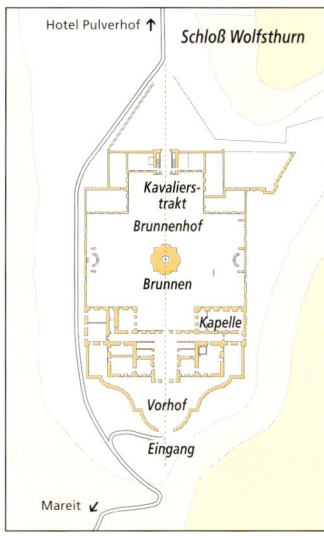

Hotel Pulverhof ↑

Schloß Wolfsthurn

Kavalierstrakt

Brunnenhof

Brunnen

Kapelle

Vorhof

Eingang

Mareit ↙

2 Burg Reifenstein

Beinahe lebendiges Mittelalter:
Parkplatz – Burgberg – Burg – Parkplatz

 leicht

 1,5 km

 20 Min.

 ↑ 50 m ↓ 50 m

☺ ja

Tourencharakter: Einfacher Spaziergang.
Beste Jahreszeit: Entsprechend Öffnungszeiten.
Ausgangsort: Elzenbaum, genau gesagt Parkplatz zu Füßen von Reifenstein.
Wanderkarte: Freytag & Berndt 1:50 000, Blatt 4 (Sterzing, Jaufenpass, Brixen).
Markierungen: Hinweistafel.
Verkehrsanbindung: Zwischen Sterzing und Freienfeld, unterhalb der Burg Sprechenstein, zweigt von der Staatsstraße 12 vor der Bahnüberführung (Bushaltestelle) rechts ein Sträßchen ab zum 400 m entfernten Parkplatz. Wer die Autobahn bei Sterzing verlässt, benutzt die Staatsstraße 508 Richtung Penser Joch bis oberhalb von Elzenbaum. Dort links ab (stellenweise schmale Ortsdurchfahrt) zum Burgberg.
Einkehr: Burgschenke in Elzenbaum.
Unterkunft: An der Staatsstraße, unterhalb von Schloss Sprechenstein, Gasthof Burgfrieden★★;
Tel. 07 42/76 54 00, 76 47 40. Nahebei in Freienfeld Gasthof Larch★★★,
Tel. 04 72/64 71 07. In Maria Trens Gasthof Alte Post★★★; Tel.
04 72/64 71 24. Überdies in Sterzing.
Tourist-Info: Tourismusverein,
I-39040 Freienfeld, Tel. 04 72/76 53 25, Fax 76 54 41.

In keiner anderen Burg Südtirols zeigt das Mittelalter stärkere originale Akzente wie auf Reifenstein am Kulminationspunkt eines felsigen, inselartigen Rückens am Rande des 1877 trockengelegten Sterzinger Mooses. Reifenstein und das jenseits hochragende Schloss Sprechenstein bilden die »Südtiroler Burgenpforte«.

E Eingang,
1 Alter Palas,
2 Neuer Palas,
3 Bergfried,
4 Küchentrakt

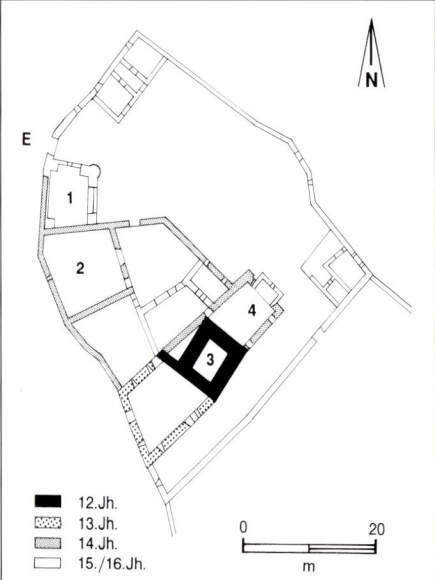

■ 12.Jh.
▨ 13.Jh.
▧ 14.Jh.
☐ 15./16.Jh.

0   20
m

Der Wegverlauf

Nördlich von → **Elzenbaum**, ab den Parkplätzen an der Basis des Burgerges gehen wir etwa

150 m in Richtung Ster-
zing, worauf links ein Pfad
zur Vorburg hinaufführt.
Über dem Eingang drohen
die Spitzen eines bei Südtiroler Burgen selten vor-
kommenden Fallgitters (erneuert). An Stelle der Zugbrücke von **Reifenstein**
führt eine feste Brücke
über den Halsgraben zum
Spitzbogenportal mit dem
Wappen des Deutschor-
dens-Komturs Heinrich
von Knöringen, eines
Schwaben, und der Jahres-
zahl 1511.
Zunächst – dem Rund-

Palas der Burg Reifenstein im Tal des Eisack bei Sterzing.

gang folgend – besticht das Mittelalter in Form der rauch- und
rußgeschwärzten **Küche**. Der 23,5 m hohe, fast quadratische
Bergfried stellt wie üblich den ältesten Bauteil dar. In seinen
Mauern litten Gefangene. Im 6 m hohen Vorraum des Verlieses
wird die Balkendecke von einem hölzernen, auf einer Steinplatte
ruhenden kreuzförmigen Träger gestützt: Diente er als »**Marter-
pfahl**«? Die 15 bis 20 Waffenknechte (in Kriegszeiten) schliefen
im Erdgeschoss des alten Palas in kistenartigen Holzverschlägen
(Bodenfläche 2 x 2,25 m) auf Stroh, jeweils zwei bis drei Mann,
der Wärme wegen. Es sind meines Wissens die einzigen erhaltenen »**Knappen-Dönsen**«.
Der ungewöhnlich originale Erhaltungsgrad der Burg ist dem
Deutschen Orden zu verdanken, dessen profane und sakrale
Zeugnisse innenarchitektonische Burgenglanzpunkte darstel-
len.
Am nordwestlichen Rücken der Kuppe wird ein heidnischer Kultplatz vermutet. Dort steht die 1330 erstmals genannte, von Kom-
tur Vintler barockisierte und 1663 neu geweihte St.-Zeno-Ka-
pelle. Zwischen Kapelle und Burg sind im Fels mehrere, wahrscheinlich prähistorische Schalensteine lokalisierbar.
Rückweg wie Hinweg.

3 Burg Rodenegg

Die Pforte des Pustertals:
Schabs – Rienz – Rienzschlucht-Blick – Rodenegg – Schabs

leicht	
8 km	
2 Std.	
↑ 400 m ↓ 400 m	
☺ ja	

Tourencharakter: Teilweise schattige Streckenwanderung in das Rienztal und aus dem Tal zu den Höhen von Rodenegg.
Beste Jahreszeit: Entsprechend Öffnungszeiten.
Ausgangsort: Schabs.
Wanderkarte: Mapgraphic 1:25 000, Blatt 12 (Brixen-Umgebung).
Markierungen: Hinweistafeln. Rot-weiße Zeichen.
Verkehrsanbindung: Ab Autobahnausfahrt Brixen-Pustertal östlich (Richtung Pustertal) 3 km. Von Brixen 7 km. Busverbindungen. Nächster Bahnhof (2,5 km) in Aicha. Busverbindungen. Parken um die Pfarrkirche.
Einkehr: Schabs. Unterwegs in Vill-Rodeneck (etwas abseits), z. B. Rodeneggerhof.

Unterkunft: Schabs z. B. Hotel am Brunnen★★★, auch Gartenbetrieb, Tel. 04 72/41 20 31. Pension Vallazza★★, Tel. 04 72/41 21 28. Gasthaus zum Ochsen★, Tel. 04 72/41 20 38. Rodeneck-Vill in grandioser Aussichtslage: Rodeneggerhof★★★, Tel. 04 72/45 42 45. Nächster hervorragender Campingplatz in Vahrn: Löwenhof★★★★, Tel. 04 72/83 62 16.
Tourist-Info: Tourismusverein, I-39025 Natz-Schabs, Tel. 04 72/41 50 20, Fax 41 51 22, E-Mail: tv-natz-schabs@dnet.it
Bemerkung: Kürzester Zugang ab Vill-Rodeneck, vom Parkplatz beim Gasthaus zum Löwen.

Wo die Rienz das grüne Pustertal verlässt und eine Schleife tief in die Landschaft gräbt, thront über wilder Schluchtenszenerie die Burg Rodenegg lang gestreckt auf einer schmalen, an drei Seiten abbrechenden Geländezunge aus Quarzphyllit: ehemals einer der wichtigsten strategischen Punkte des Landes.

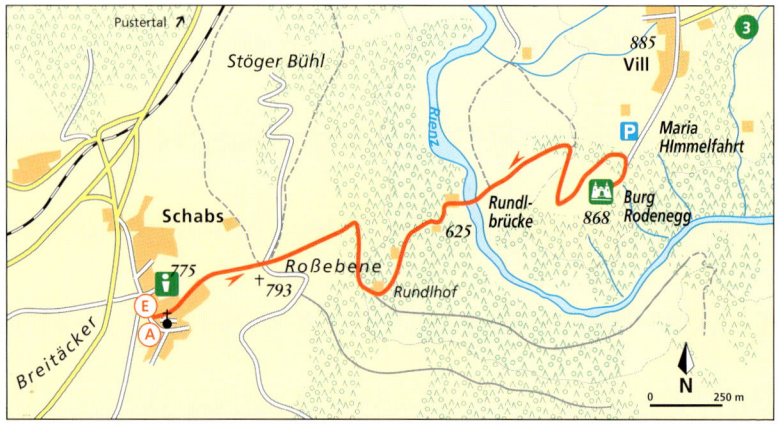

3

Tipp

Es lohnt ein Abstecher von der Burg zur nahen Pfarrkirche; auf dem Friedhof das Familiengrab der Grafen Wolkenstein-Rodenegg, links des Ausgangs Richtung Vill.

Der Wegverlauf

In → **Schabs** links neben der Pfarrkirche auf der Straße Richtung Viums ansteigend 5 Minuten, vorbei am Hotel Föhrenhof zu der von Schützen erbauten, 1986 geweihten **Herz-Jesu-Kapelle** (hinsichtlich ihrer Ausschmückung waren und sind die Schabser getrennter Meinung). Etwa 20 m danach verlässt man die Straße links, gegenüber einem Kreuz; die hölzernen Wegweiser beachten.

Nun abwärts, wobei die links ausscherende Markierung in Blauweiß unbeachtet bleibt, hinunter zur Kapelle des Rundlhofes (Bullenmast, ca. 500 Tiere). Wir halten uns links, gehen am Silo vorbei und weiter zur **Rundlbrücke**. Linker Hand befinden sich die Ruinen des nach dem Zweiten Weltkrieg stillgelegten Elektrizitätswerks. Jenseits der **Rienz** Gegenanstieg, aber nur 200 m auf dem breiten Weg. Dann scharf rechts und auf schmalem Weg 15 Minuten steil aufwärts zum Querweg, dort geht man rechts. Gut 5 Minuten später zweigt rechts in spitzem Winkel ein Stichpfad ab zum **Rienzschlucht-Blick**. Der Hauptweg bringt uns (an der nächsten Gabelung rechts) zur Höhe von Burg **Rodenegg** (von Schabs etwa 1 Std.).

Eine Holzbrücke hilft über den Halsgraben. Das abschließende Stück der Brücke konnte hochgezogen werden. Die Kettenrollen im Torturm sind erhalten. Dagegen fehlt eine ausgesparte Blende zur Aufnahme der Zugbrücke. Das Tor, versehen mit einem »Mannsloch«, ist zum Schutz gegen Stöße und Feuer mit Blechen beschlagen. Darüber droht ein Gusserker, aus dem heißes Pech, Öl oder Wasser Angreifer abweisen sollte. Die Führungen beginnen im Hof der Vorburg.

Rückweg: Wie Hinweg.

Burg Rodenegg hochgetürmt über der Rienzschlucht.

4 Schloss Ehrenburg

Barockschloss im Pustertal:
Ehrenburg – Schloss – Pfarrkirche – römischer Meilenstein – Ehrenburg

 leicht

 2,5 km

 3/4 Std.

 ↑ 80 m ↓ 80 m

 ja

Tourencharakter: Spaziergang im Ortsbereich.
Beste Jahreszeit: Entsprechend der Öffnungszeiten.
Ausgangsort: Ehrenburg.
Wanderkarte: Mapgraphic 1:25 000, Blatt 15 (Bruneck-Umgebung).
Markierungen: Hinweisschilder. Weißblaue Zeichen zum Meilenstein.
Verkehrsanbindung: Ehrenburg liegt 700 m südlich der Pustertal-Staatsstraße 49; von Kiens 2 km, von Bruneck 9 km, vom Brenner 60 km. Bahnhof. Busverbindungen. Parkplätze im Dorf, u. a. gegenüber Gemischtwaren Pörnbacher direkt unterhalb des Schlosses.
Einkehr: In Ehrenburg, originelle Pustertaler Spezialitäten wie Gerstlsuppe, Schlutzkrapfen, Hausgeräuchertes mit Sauerkraut, Tirtlen (Teigtaschen mit Topfen, Sauerkraut oder Spinat) usw. im Gasthof Knapp (Montag geschlossen); kleines Heimatmuseum.
Unterkunft: Lido Ehrenburgerhof★★✍ ★★★, vielleicht das feinste Haus im Pustertal, Tel. 04 74/56 53 47. In Kiens Hotel Leitgamhof★★★, Tel. 04 74/56 53 34. Hotel Zur Post★★★, Tel. 04 74/56 53 18. Pension Brunelle★★, Tel. 04 74/56 53 09. Garni Weger★★, Tel. 04 74/56 52 46. Nächster Campingplatz an der Rienz bei St. Sigmund/Kiens: Gisser★★★, Tel. 04 74/56 96 05.
Tourist-Info: Tourismusverein, I-39030 Kiens, Tel. 04 74/56 52 45, Fax 56 56 11. E-Mail: info@kiens.com, Internet: www.hallo.com

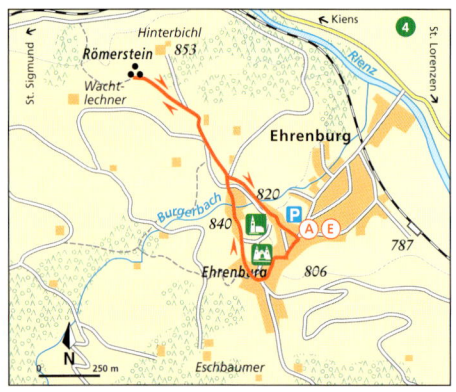

Wenn sich »Oarnwurkch« – Dialekt für Ehrenburg – auch in spielerischer barocker Gestalt zeigt, darf dies nicht über den elementaren Wehrzweck des Schlosses hinwegtäuschen. Die schwach geschützte Position ist nur durch die Annahme erklärbar, dass die Gader früher durch das Montal floss und zu Füßen der Ehrenburger Kuppe in die Rienz mündete.

Der Wegverlauf

Im Ort → **Ehrenburg** gehen wir vom empfohlenen Parkplatz aus auf der Ehrenburger Straße ins Dorf, dann rechts mit der Schlossstraße bergan zu dem seit 1980 für die Öffentlichkeit zugänglichen Schloss → **Ehrenburg**. Vorausgegangen waren kostspielige Instandsetzungsarbeiten; sie halten bis auf den heutigen Tag an.

4

Führungen durch Gräfin oder Graf Künigl nehmen ihren Anfang im Arkadenhof. Seine architektonischen Merkmale zeigen, dass die Familie schon früh ausgeprägten Kunstsinn bewies, als sie die Renaissance aus dem Süden holte: Der Trientiner Meister Lucio de Spaciis schuf ab 1512 die Loggien des ältesten Südtiroler Renaissance-Innenhofes. Bis zum Zweiten Weltkrieg beanspruchten die Grafen das gesamte Schloss. Seitdem wohnen sie in einem Seitentrakt; Einkünfte u. a. aus verbliebener Land- und Forstwirtschaft.

Weiterweg: Wir wandern bergan, rechts am Feuerwehrhaus, links am bewaldeten Kirchhügel vorbei. Ab der Caspar-Ignaz-Graf-Künigl-Grundschule senkt sich die Straße. Links folgt der **Gasthof Knapp**. Vorerst nicht auf der Autostraße, sondern vom Gasthaus geradeaus über den Bach und an der Gabelung nochmals geradeaus (Markierung 5). Nach 100 m vor dem Haus links, das Haus

Die Grafen Künigl zählen zu den Ausnahmedynastien, die ihren Sitz ununterbrochen seit mehr als 600 Jahren innehaben. Chef des Hauses ist Erich Graf Künigl.

Brunner passierend mäßig abwärts zum 200 m entfernten, rechts stehenden **römischen Meilenstein**. Die mannshohe, auf einem Sockel ruhende Säule wurde 201 n. Chr. unter Kaiser Septimius Severus, dem Erneuerer des antiken Straßennetzes dies- und jenseits der Alpen, aufgestellt. Aus der verwitterten Inschrift geht u. a. hervor, dass der Stein 67 römische Meilen (= 99 km) von Aguntum (bei Lienz/Osttirol) anzeigte. Spätestens auf dem Rückweg sollte man ein Pustertaler Schmankerl beim »Knapp« genießen, wenn möglich im

Freien an den rustikalen Holztischen und -bänken. Dann geht es auf der Autostraße weiter abwärts zur Ehrenburger Straße, die uns rechts zum Parkplatz zurückbringt.

Turmbau an der Pforte von Schloss Ehrenburg.

5 Burg Taufers

Wacht am Ahrntal:
Sand – Schlossbrücke – Burg Taufers – Ahrnbach – Sand

 leicht

 3 km

 50 Min.

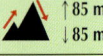 ↑ 85 m ↓ 85 m

 ja

Tourencharakter: Einfache Rundwanderung; wenig Schatten.
Beste Jahreszeit: Entsprechend der Öffnungszeiten.
Ausgangsort: Sand in Taufers.
Wanderkarte: Mapgraphic 1:25 000, Blatt 16 (Ahrntaler Berge).
Markierungen: Hinweisschilder; rotweiße Zeichen.
Verkehrsanbindung: Ab Pustertalstraße bei Bruneck (nächster Bahnhof) 15 km, vom Brenner 83 km, von Bozen 92 km.
Einkehr: Burgcafé. Gasthöfe in Sand, z. B. Spanglwirt (Spezialität: zeitweise Gebratenes und Geschmortes vom Ochsen, Mittwoch geschlossen).
Unterkunft: Hotel Tubris★★★★, Tel. 04 74/67 84 88. Hotel Spangl-wirt★★★, Tel. 04 74/67 81 44. Hotel Mirabell★★★, Tel. 04 74/67 80 91. Garni Bergfried★★, reichhaltiges Frühstücksbüffet, Tel. 04 74/67 80 84. Garni Alpenhof★, Tel. 04 74/67 83 53.
Tourist-Info: Tourismusverein, I-39032 Sand in Taufers, Tel. 04 74/67 80 76, Fax 67 89 22, E-Mail: info@taufers.com, Internet: www.taufers.com
Bemerkung: An der Straße von Sand talein zweigt 300 m nördl. der Schlossbrücke, gegenüber dem Holzsteg über den Ahrnbach, rechts ein Schottersträßchen ab zur Burg Taufers; beschränkter Parkraum. An der Talstraße kurz vor der Abzweigung eine Parkbucht.

Burg Taufers von Sand in Taufers.

Nördlich von Bruneck am Hang des Naturparkes Rieserfernergruppe wacht vor der Enge des Ahrntales auf schroffer Felsnase seit bald 800 Jahren eine der größten Burgen Tirols. Von den 64 Räumen sind 24 holzgetäfelt; 20 Kachelöfen spendeten im Winter wohlige Wärme.

Der Wegverlauf

In **Sand** am nördlichen Ortsrand angesichts der Burg bei der **Schlossbrücke**, bzw. rechts davon auf überdachtem Holzsteg über den von Gletscherwassern genährten **Ahrnbach**. Nun rechts mit Markierung 33 auf dem Schlossweg. Nach Haus Nr. 8 links, hinauf zur **Kapelle Schlosskreuz**, Weihestätte für den Tiroler Freiheitskampf 1809 unter Andreas Hofer. Damals wurden 700 sächsische Soldaten aus Napoleons Armee im Schloss drei Monate gefangen gehalten, ehe sie der Korse befreite und, wie es heißt, eine Nacht in der Burg verbrachte.

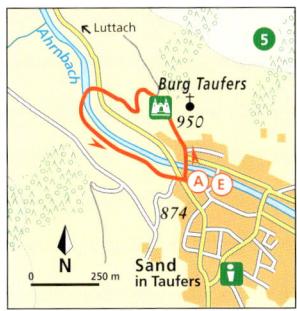

An der Kapelle geht es links vorbei auf dem alten Zugang ins Ahrntal, das 1048 »Aurina« genannt wird. Einen zwei Meter breiten Durchlass in der Sperrmauer passieren: Trasse des Saumverkehrs über »Braitenowe« (1250 für Prettau) und über den 2634 m hohen Krimmler-Tauern-Pass in den Zillertaler Alpen. Die Straße in der Ahrnschlucht entstand erst 1837. Bis dahin rollten die Transporte aus dem Prettauer Bergwerk auf unserem Wanderweg, in manchem Jahr bis zu 1500 »Wiener Zentner«, rund 8,4 Tonnen.

In den drei Meter starken Mauern des Bergfriedes schmachtete im 16. Jahrhundert der Kitzbüheler »Wiedertäufer« Hanns Kräl zwei Jahre lang elendiglich.

Bei glatt geschliffenen Felsen stößt man auf den staubigen Fahrweg, von der Talstraße aus. Ihm rechts folgend zur **Burg Taufers**. Die Mantelmauer misst an der Nordseite zwei Meter. An den Angriffseiten sind raffinierte spätgotische Schießöffnungen – Schlüssel- und Maulscharten – zu sehen, Schießfenster sowie Gusserker. Den innen offenen, vom Bergfried gedeckten Torbau flankieren ein hoher Rundturm (rechts) und ein Halbrondell, das gerade noch Platz findet auf dem Fels. Dahinter, im Zwinger, konnten Feinde von drei Seiten unter Beschuss genommen werden. Eine Texttafel und ein Grundriss geben Vorausinformationen. Durch den gebrochenen Tunnel (ähnlich wie auf **Rodenegg, Wanderung 3**) wird der **Innenhof** erreicht, hier beginnen die Führungen.

E Eingang,
1 Bergfried,
2 Innenhof

Rückweg: Wir verlassen die Burg und halten uns links. An der Gabelung erneut links halten (geradeaus 20 Minuten zur Jausenstation Aschbach), hinunter zur Talstraße, die man kreuzt. Auf dem Holzsteg geht man über den Ahrnbach. Im »Pranter Waldele« halten wir uns links, entsprechend Markierung 4 und kommen auf schattigem Weg in 5 Minuten zur Schlossbrücke.

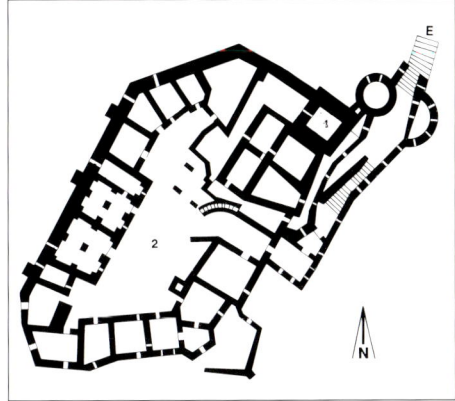

6 Schloss Welsperg

Eingang ins Gsieser Tal:
Welsberg – Schloss Welsperg – Gsieser Tal – Taisten – Welsberg

leicht

7,5 km

2 Std.

↑ 150 m
↓ 120 m

ja

Tourencharakter: Unschwierige, hinter Schloss Welsperg streckenweise schattige Rundwanderung. Teilweise asphaltiert.
Beste Jahreszeit: Wie Öffnungszeiten. Wanderung von Frühling-Herbst.
Ausgangsort: Welsberg.
Wanderkarte: Freytag & Berndt 1:50 000, Blatt 3 (Pustertal-Bruneck-Drei Zinnen).
Markierungen: Hinweistafeln. Rot-weiße Zeichen.
Verkehrsanbindung: Pustertalstraße zwischen Bruneck (17 km) und Toblach (10 km). Busverbindungen. Bahnhof. Parkplätze: Am Schlossberg, beschildert.

Einkehr: Z. B. Restaurant Peintner. Große Pizza im Pizzahaus Almdiele.
Unterkunft: Sporthotel Bad Waldbrunn★★★★, Tel. 04 74/94 41 77. Hotel Weißes Lamm★★★, Tel. 04 74/94 41 22. Hotel Dolomiten★★, Tel. 04 74/94 41 46. Gasthof Sonne★, Tel. 04 74/94 41 64. Schöne Lage am Olanger Stausee (3 km): Hotel Seehof★★★, Tel. 04 74/94 41 59. Nächster ausgezeichneter Campingplatz in Niederrasen/Antholzertal: Residence Corones★★★★, Tel. 04 74/ 49 64 90.
Tourist-Info: Tourismusverein, I-39035 Welsberg, Tel. 04 74/94 41 18, Fax 94 45 99, E-Mail: welsberg@kronplatz.com, Internet: www.hallo.com

Das Gsieser Tal – Musterbeispiel für sanften Tourismus – mündet, aus den Villgratner Bergen kommend, beim betriebsamen, leider zeitweise verkehrsüberlasteten Welsberg ins Pustertal.

Der Wegverlauf

In → **Welsberg** beim **Gasthof Lamm** in den Schlossweg (Markierung 41) einbiegen und bergan, rechts an den Parkplätzen vorbei. Vor der Schule links halten, auf asphaltiertem Fahrweg zur ältesten Schlossburg im oberen Pustertal: → **Welsperg**, fußend im »Welsberger Konglomerat«. Dabei handelt es sich um ein zertrümmertes, durch Bindemittel verkittetes Ablagerungsgestein von Gletschern.

6

Tipp

Gegenüber von Welsperg, jenseits des Talbaches, entragt einem Hügel im Wald (Urzeitstätte) die Bergfriedruine von Thurn, von den Einheimischen »Säuserturm« genannt; seit Brand 1765 Ruine. Zugang von der Talstraße.

Den Halsgraben überspannte früher eine Zugbrücke. Über dem Tor befindet sich die romanische, später verbaute (inzwischen wieder hergerichtete) Kapelle, deren Ersatz die neue Kapelle im Hof bildete. Dort beginnen die Führungen!

Oberhalb der Burg geradeaus, mit Wegnummer 41 a in den Wald (nicht rechts: Römerweg nach Toblach) und in 30 Minuten zur Brücke über den **Pidigbach** (1187 m), den Talfluss, einst Grenze zwischen Hochstift Brixen und Innicher Stiftspfarre Toblach.

Von dem **Gasthaus Brückenwirt** (Bushaltestelle) aus wandern wir rechts auf der Gsieser Straße, wenig später scharf links, dann ansteigend auf den von alten Bauernhöfen des Weilers **Wiesen** gesäumten Straße. Nordöstlich erscheint in den Dolomiten der Felskoloss des Dürrensteins. Vorbei an der Pension Wiesenhof. Auf der Simon-von-Taisten-Straße erreichen wir → **Taisten,** das aus der Heimstatt eines Kelten namens Decetos hervorgegangen ist. Am Ortsanfang, links unten, steht der Marenklhof, die Geburtsstätte des Malers Simon von Taisten (ca. 1460–1530). Von Welsberg etwa 1:30 Std.

Rückweg: Ab dem **Tourismusbüro** bzw. dem in der zweiten Hälfte des 15. Jahrhunderts großartig bemalten **Bildstock** übernimmt uns die Sonnenstraße. Gegenüber der **Pension Panorama** öffnet sich ein instruktiver Tiefblick auf Schloss Welsperg. Hinunter zur Talstraße, auf der man, die Schleife entsprechend Markierung 38 links abkürzend, vorbei am Schwimmbad, nach **Welsberg** gelangt.

Schloss Welsperg an der Mündung des Gsieser Tales; im Hintergrund der Dürrenstein in den Pragser Dolomiten.

7 Bischöfliche Hofburg Brixen

Geistliche und weltliche Pracht:
Hofburg – Hofgarten – Sonnentor – Lauben – Domplatz – Hofburg

 leicht

 1,5 km

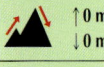 20 Min.

↑ 0 m
↓ 0 m

☺ ja

Tourencharakter: Stadtbummel.
Beste Jahreszeit: Ganzjährig.
Ausgangsort: Brixen.
Wanderkarte: Stadtplan von Brixen; kostenlos erhältlich im Tourismusbüro.
Markierungen: Hinweisschilder.
Verkehrsanbindung: Eisacktalstraße zwischen Brenner (47 km) und Bozen (40 km). Autobahnanschlussstelle nördlich. Bahnhof. Großer Busbahnhof (Bahnhofstraße). Beschilderte Parkplätze.
Einkehr: Traditionsgasthöfe: Finsterwirt nahe Domplatz. Gasthof Fink; im 1. Stock ist ein 1955 gefundenes Menhir der frühen Bronzezeit (1700-1500 v. Chr.) ausgestellt. Restaurant Krone.

Unterkunft: Hotel Grüner Baum ★ ★★★, Stufels 11, Tel. 04 72/ 83 27 32. Hotel Senoner Unterdrittl★★★, Rienzdamm 22, Tel. 04 72/83 25 25. Gasthof Goldene Traube★★, Kleine Lauben 9, kein Parkplatz, Tel. 04 72/83 65 52. Pension Mayrhof★, an der Straße nach Elvas, zu Fuß 20 Minuten, Tel. 04 72/83 48 30. Nächster Campingplatz in Vahrn: Löwenhof★★★★, Tel. 04 72/83 62 16.
Tourist-Info: Tourismusverein, Bahnhofstraße 9, I-39042 Brixen, Tel. 04 72/83 64 01, Fax 83 60 67, E-Mail: info@brixen.org, Internet: www.brixen.org

Angesichts der Bischöflichen Hofburg im Südwesteck der mittelalterlichen Stadt bedarf es wirklich keiner überreichen Fantasie, um sich die einstige Macht der Kirchenherren und den Prunk ihres Lebensstils ausmalen zu können.

Der Wegverlauf

In → **Brixen** an der Nordseite der **Bischöflichen Hofburg** schlendern wir durch den in der Renaissance um 1570 angelegten, seit 1992 der Öffentlichkeit zugänglichen **Hofgarten** und kommen zur Bahnhofstraße. Dann rechts durch das **Sonnentor** der ersten, unter Bischof Hartwig (1022–1039) hochgezogenen Stadtmauer, die den Ruf Brixens als älteste Stadt Deutschlands begründete.

In der Altstadt stößt man auf die 1371 den hl. Gotthard und Erhard geweihten »**Erhardkapelle**«, so nennen die Brixener sie. Ein

Vorgängerbau aus dem 9. Jahrhundert ist als »St. Thomas im Walde« bestätigt. Ab 1972 evangelisches Gotteshaus.

Hier, beim Traubenwirt, schwenkt man in die **Kleinen Lauben** ein, die Anfang des 15. Jahrhunderts gestaltet wurden. Schauen Sie auch zum »**Fink**« rein, dem Gasthof von Hans Fink, Jahrgang 1912, Metzger und Gastronom, aber vielleicht noch mehr

autodidaktischer Volkskundler und Sagenforscher. Der Publizist, Träger des Kunst- und Kulturpreises »Walther von der Vogelweide«, Ehrenmitglied der Universität Innsbruck, erfreute sich im Sommer 2000 noch bester Gesundheit und zeigte uns die erst 1996 freigelegten Fresken im Erker seiner »Menhirstube«.

Am Ende der Kleinen Lauben geht es rechts in die **Großen Lauben**. Sie münden in den **Pfarrplatz** neben der **Stadtpfarrkirche St. Michael** mit dem imposanten »**Weißen Turm**«, dessen unterer Teil aus der Zeit um 1300 stammt. Auf die Marktstände schauen die hübschen Fenstergitter des spätgotischen **Pfaundlerhauses** (links, Nr. 1, auch Gorethhaus genannt).

Glanz und Pracht: Binnenhof der ehemaligen Bischofsresidenz zu Brixen.

Nun gehen wir nach rechts auf den repräsentativen **Domplatz**

Tipp

Im Geviert des alten Friedhofes zwischen Pfarrkirche und Dom ist an der Westmauer die figurale Grabplatte des Oswald von Wolkenstein (1367–1445) angebracht.

und weiter zur **Millenniumssäule**, die als Erinnerung an das tausendjährige Gründungsjubiläum (Anno 901) Brixens Anfang des 20. Jahrhunderts errichtet wurde. Damit ist der Spaziergänger wieder vor der **Hofburg.**

8 Schloss Velthurns

Prunkende Hochrenaissance:
Schrambach – St. Peter – Feldthurns – Schloss – Schrambach

leicht

5 km

2 Std.

↑ 300 m
↓ 300 m

ja

Tourencharakter: Einfache, anfangs etwas steile Streckenwanderung; kaum Schatten.
Beste Jahreszeit: Von Ostern–Allerheiligen. Darüber hinaus ganzjährig.
Ausgangsort: Schrambach.
Wanderkarte: Mapgraphic 1:25 000, Blatt 12 (Brixen-Umgebung).
Markierungen: Wegweiser. H in Weißblau.
Verkehrsanbindung: Die Zufahrtsstraße (450 m) zweigt zwischen Brixen (6 km) und Klausen (3,5 km, nächster Bahnhof) schräg gegenüber dem Gasthaus Schoberhof (Bushaltestelle) von der Talstraße ab.
Einkehr: Feldthurns z. B. Dorfcafé by Monika, Oberwirt.

Unterkunft: Gasthof Schoberhof★★, an der Talstraße unterhalb Schrambach, Tel. 04 72/85 52 80. Im Ort Schrambach Pension Moarhof★, Tel. 04 72/85 52 32. In Feldthurns z. B. Hotel Unterwirt★★★, Tel. 04 72/85 52 25. Nächster Campingplatz bei Klausen: Gamp★★★, Tel. 04 72/84 74 25.
Tourist-Info: Tourismusverein, I-39040 Feldthurns, Tel. 04 72/85 52 90, Fax 85 50 31, E-Mail: info@feldthurns.com, Internet: www.feldthurns.com
Bemerkung: Kürzester Zugang von Feldthurns; Parkplätze am Schloss; Bushaltestelle

Feldthurns ist ein kleiner, ruhiger Ferienort auf gestufter Mittelgebirgsterrasse in den Ostflanken der Sarntaler Alpen, rund 300 m über der Sohle des Eisacktales beim Dörfchen Schrambach, das mit einem 63 m hohen Wasserfall imponiert.

Der Wegverlauf

Beim **Gasthof Schoberhof** über die Staatsstraße und ansteigend zur Pension Moarhof in → **Schrambach**. Geradeaus, wenig später am Marienbildstock hält man sich links (beschilderter Abstecher 5 Minuten zum sichtbaren Wasserfall) gemäß der blauweißen

Markierung. Das betonierte Sträßchen endet bei der spätgotischen **Pfarrkirche St. Peter**. Rechts weiter, den Pfeiferhof passierend, auf steingepflastertem bzw. grasigem Weg, begleitet von Steinmäuerchen und weißblauen Zeichen.

Durch den Waldgürtel empor zu dem 1502 erbauten, 1836 abgebrannten und wieder errichteten **Pflegerhof**. Dahinter wölbt sich der Pflegerbichl, auf dem eine Burg der Velthurnser Herren stand. Dort stieß man zufällig auf den kreisrunden, mit sieben Löchern versehenen prähistorischen Kultstein, der den ursprünglichen Haupteingang von Schloss Velthurns ziert.

An der Gabelung gehen wir geradeaus, beim großen **Bildstock** rechts (gerade zur Pfarrkirche) und vollends bergan, vorbei am Unterwirt zur Dorfstraße in → **Feldthurns**. Linker Hand ist es nur mehr ein Katzensprung zum »Schiefen Turm« der Laurentiuskirche. Rechts geht es kurz bergan zum **Schloss Velthurns**. Vor dem Komplex steht die ungewöhnlich bequeme, aus einem Kastanienstamm geschnitzte, 1999 aufgestellte Rastbank »Keschtnigl«, was so viel wie stachlige Kastanien bedeutet.

Den Binnenhof begrenzt links das Herrenhaus mit hohem Walm-

8

Südöstlich, hoch über dem Villnösstal, zeigen sich die kühnen Dolomitzinnen der Geislerspitzen mit den herausragenden Sass Rigais und Furchetta, beide 3000er.

dach und vier polygonalen Erkern, die Wohnräume sind symmetrisch um die Mittelachse verteilt; rechts befindet sich das Nebengebäude (Schreiberhaus), »Türnitz« genannt. Wie die Hofmauern tragen auch die des Gartens Zinnen. Es diente einst als Gehege für Wild und exotische Tiere. Im Frühjahr leuchten blutrote Rosen aus dem grünen Grasteppich. Bei der Führung leitet man uns durch reichsfürstlichen Prunk.

Kostbares aus Hölzern – Nussbaum, Kirsche, Kastanie, Esche, Birne, Buche, Linde, Olive, Rosenholz – und Eisen, insbesondere die Türbeschläge des Augsburger Schlossers Hans Metzger. Die Kasettendecke im Fürstenzimmer des zweiten Stockwerks gilt als schönstes Getäfel deutscher Renaissance in Südtirol.

Hauptgebäude von Schloss Velthurns in der Ortschaft Feldthurns.

Rückweg: Wie Hinweg.

9 Kloster Säben

Akropolis von Südtirol:
Klausen – Burg Branzoll – Kloster Säben – Klausen

 leicht

 3 km

1 Std.

↑ 210 m
↓ 210 m

 ja

Tourencharakter: Einfache Rundwanderung; kaum Schatten. Kurze Abstiegspassage mit Eisengeländer gesichert.
Beste Jahreszeit: Frühling-Spätherbst.
Ausgangsort: Klausen.
Wanderkarte: Mapgraphic 1:25 000, Blatt 12 (Brixen-Umgebung).
Markierungen: Wegweiser und rotweiße Zeichen.
Verkehrsanbindung: Eisacktalstraße zwischen Brixen (11,5 km) und Bozen (29 km). Autobahnanschlussstelle. Bahnhof. Busverbindungen. Parkplätze am nördlichen und südlichen Rand der Altstadt sowie beim Bahnhof jenseits des Eisack.
Einkehr: Unterwegs im Weiler Pardell

vorzügliche Jausenstation Huber (abseits der Route), u. a. Eisacktaler Krapfen, selbst angebaute Weine. In Klausen u. a. Weinschenke-Pizzeria Torgglkeller Schmuckhof. Fliegerpub. Stadtcafé im »Goldenen Engel«.
Unterkunft: Gasthof zum Klostersepp ★★★, an der Brennerstraße, Tel. 04 72/ 84 75 50. Im historischen Kern z. B. Gasthof Goldener Engel★★, Tel. 04 72/ 84 75 92. Gasthof Walther von der Vogelweide★, Tel. 04 72/ 84 73 69. Camping Gamp★★★, auch Gasthof★★ mit 14 Betten, Tel. 04 72/ 84 74 25.
Tourist-Info: Tourismusverein, I-39043 Klausen, Tel. 04 72/84 74 24, Fax 84 72 44, E-Mail: tourismusverein.klausen@dnet.it

Der Wegverlauf

Vom **Thinneplatz** in → **Klausen** gehen wir kurz in die Altstadt, etwa 50 m, dann links entsprechend dem Hinweis »Säbener Auf-

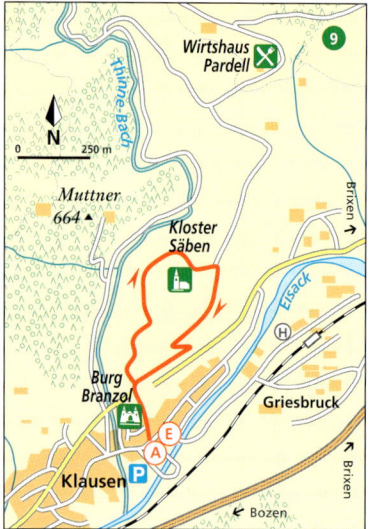

gang«. Markierungsnummer 1 leitet in 5 Minuten zur **Burg Branzoll**, die sich aus einem 1255/56 erbauten Turm entwickelte. Die Anlage wurde 1671 bei einer Feuersbrunst zerstört; verschont blieb der knapp 19 m hohe Turm. Eigentümer ist der italienische Graf Guido Corti.

Weiter auf dem traditionsbeladenen **Wallfahrtsweg**, auf dem in dreijährigem Turnus (2003, 2006) zu Christi Himmelfahrt 800–1000 Gadertaler nach langwierigem Marsch über die Berge an den **Kreuzwegstationen** beten.

Die untere, 60 m lange, 1,13 m starke Sperrmauer wurde vermutlich nach 1300 hochgezogen. Rechts unterbricht

9

der fünfgeschossige **Herrenturm**, der einst zeitweise Quartier der Säbener Kapläne war, die Reihe der Schwalbenschwanzzinnen. Dahinter befindet sich die kleine, im Kern romanische, gotisch veränderte **Marienkapelle**, im Volksmund »Gnadenkapelle«; angebaut wurde (1652–1658) die von Klausener Bürgern in Erfüllung eines Pestgelübdes gestiftete frühbarocke, oktogonale **Liebfrauenkirche**.

Wir sind im äußeren Bereich von **Säben**; links unten liegt das Thinnetal. Durch zwei Tunnels betritt man den Binnenhof und den Innenbezirk der alten Hochburg. Zunächst begegnet uns die **Klosterkirche**. Davor symbolisiert die Bronzeplastik des Jubiläumsbrunnens den Säbener Geist. Auf der künstlich abgeflachten Bergspitze (717 m) steht die **Heilig-Kreuz-Kirche** an Stelle der einstigen Burgkapelle sowie der **Kassianturm**. Im Turm sei der hl. Kassian eingesperrt und gefoltert worden.

Kloster Säben auf einem 200 Meter hohen Felskegel.

Diese Überlieferung gehört ebenso der Legende an wie die Gründung des Bistums Säben durch Kassian. Er wurde nämlich im Jahr 304 in Imola von seinen Schülern mit Metallgriffeln erstochen – und der Kassianturm nicht vor 1300 erbaut! Lediglich ein Armknochen des Heiligen gelangte 1705 nach Brixen (von Klausen etwa 35 Minuten).

Abstieg: Den Klosterbezirk durch einen Tunnel in Richtung Pardell verlassen. Steiles Gefälle – Eisengeländer! Unten, gleich nach der **Brücke**, geht es vor dem Felsdurchlass rechts in den schmalen Weg (geradeaus 20 Minuten Gegensteigung nach Pardell-Gasthaus Huber). Anschließend traversieren wir in langen Schleifen talwärts den Hang. Etwa 20 Minuten nach dem Kloster geht man nicht links auf die Straße, sondern etwas bergan zum Hinweg.

Tipp

Lohnender Jausen-Abstecher zum urigen Gasthaus Huber in Pardell: Weine aus eigenem Anbau, Südtiroler Spezialitäten wie verschiedene Knödel, Mehlspeisen etc.; Montag Ruhetag.

10 Trostburg

Ein Wahrzeichen des Eisacktals:
Waidbruck – Trostburg – Tagusens – Trostburg – Waidbruck

 mittel

 8 km

3 Std.

↑ 490 m
↓ 490 m

ja

Tourencharakter: Einfache Rundwanderung. Bis Tagusens ununterbrochen steiler Anstieg, etwa zur Hälfte schattig.
Beste Jahreszeit: Entsprechend den Öffnungszeiten.
Ausgangsort: Waidbruck.
Wanderkarte: Mapgraphic 1:25 000, Blatt 11 (Schlern-Rosengarten).
Markierungen: Gelber Wegweiser; weißrote Zeichen.
Verkehrsanbindung: Eisacktalstraße zwischen Klausen (6 km) und Bozen (23 km), vom Brenner 62 km. Bahnhof. Busverbindungen. Parken auf dem Oswald-von-Wolkenstein-Platz bzw. vor dem Postamt oder dem Gasthof Gehring.
Einkehr: Waidbruck, z. B. Gasthaus

Gehring. Tagusens: Messnerwirt (Mai–Allerheiligen, Sonntag Nachmittag und Montag geschlossen).
Unterkunft: Gasthof Starz★★★ (an der Staatsstraße), Tel. 04 71/65 41 42. Weitere Möglichkeiten z. B. in Klausen (Wanderung 9) oder Barbian, Traube-Barbianer-Hof★★, hoch gelobtes Speiselokal; Tel. 04 71/65 00 00.
Nächster Campingplatz bei Klausen: Gamp★★★, Tel. 04 72/84 74 25.
Tourist-Info: Tourismusverband Eisacktal, Großer Graben 28a,
I-39042 Brixen. Tel. 04 72/80 22 32,
Fax 80 13 15,
E-Mail: info@eisacktal.com,
Internet: www.eisacktal.com

1607 wurde der Bergfried um zwei Meter erhöht und die herrliche Kassettendecke des Festsaales vollendet und 1609 das Geschützrondell fertig gestellt.

Nach wehrarchitektonischen Vorstellungen des Mittelalters ist die beherrschende Position der Wolkensteiner Vorzeigeburg klassisch zu bewerten: ein Geländesporn, der fast 200 m über dem Eisackufer liegt, allseits natürlich geschützt ist, sogar hangseitig, denn dort verhinderte steiles Gelände das Aufstellen von Wurfmaschinen.

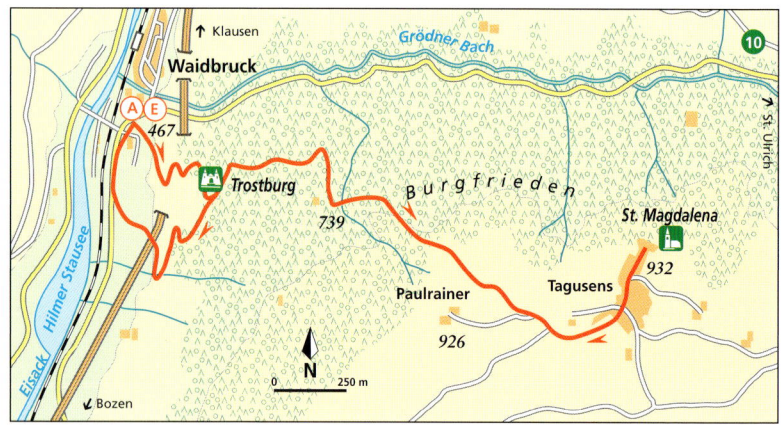

Der Wegverlauf

In **Waidbruck** vom Oswald-von-Wolkenstein-Platz aus, gegenüber dem Gasthaus Gehring, rechts der Markierung 1 folgen,
kurz auf asphaltiertem Fahrweg gehen, dann links mit dem ural-
ten Pflasterweg – hier gibt es beachtenswerte Spurrillen – durch
Laubwald in 20 Minuten zum Äußeren Tor der **Trostburg**.
Links entlang der Außenmauer setzt sich Weg Nr. 1 fort Richtung
Tagusens. Wenig später zweigt rechts ein Pfad ab zu dem etwa
5 Minuten entfernten »**Römerturm**«, bei dem es sich um kein an-
tikes, sondern um ein mittelalterliches Fortifikationswerk aus
dem 15. Jahrhundert handelt: Rundkonstruktion, bergseitig ge-
kantet, damit eventuelle Geschosse abgleiten.

Noch immer von wehrhaf-tem Architek-turcharakter: Trostburg, ehemals Sitz eines Zwei-ges Wolken-steiner.

10

1 Haupttor,
ehemalige
äußere Brücke,
2 Torturm von
1598,
3 Mittelalterli-
cher Torbau,
davor Fallgitter,
4 Südtrakt,
5 Bergfried,
6 Romanischer
Palas,
7 Alter Kapel-
lentrakt,
8 Gotischer
Westtrakt,
9 Bastei von
1609,
10 Torgglturm,
11 Neuer Süd-
trakt

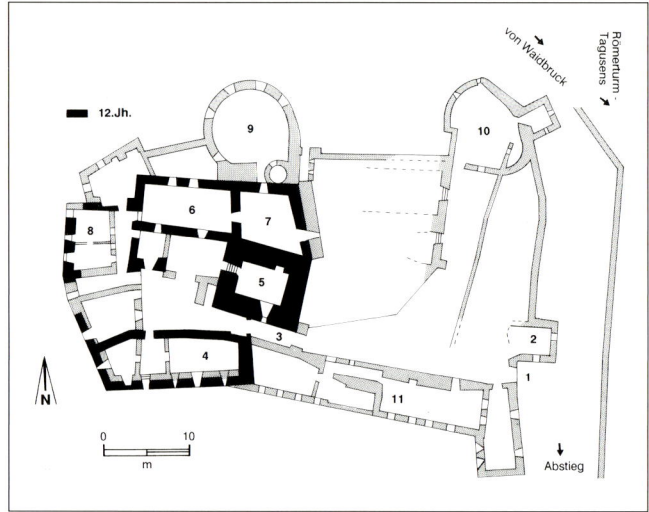

Die deutliche Wegspur durchzieht eine Wiese zum aufgelassenen
Gallreinerhof (739 m). Wir gehen links über den Bach, zweigen
an der Gabelung rechts ab, dann weiter durch den Waldgürtel zu
den Wiesen um den Paulrainerhof. Auf dem Schotterweg vollends
zum Teersträßchen bei einem Kreuz. Links in das nahe **Tagusens**,
das aus einer im Jahr 1028 erstmals beurkundeten Rodungsinsel
hervorgegangen ist und von den Bewohnern »Gusns« genannt
wird. Vom Gasthaus Messnerwirt zur herrlich platzierten **Kirche
St. Magdalena** (932 m), deren Glocken seit 1586 läuten. Nördlich
grüßt von den jenseitigen Grödnertalhöhen die Ortschaft Lajen,
südwestlich liegt Barbian in den Ostflanken des Eisacktales.
Dann geht's hinunter auf dem vertrauten Weg wieder zur **Trostburg**. Hier gehen Sie links in den Zwinger und zum hangseitigen
Eingang.
Vom Brunnen aus schlendern wir südlich, am **Pfaffenturm** (Wappen des Michael von Wolkenstein) vorbei zur **Torbastion** des
16. Jahrhunderts, in der eine gemauerte Wendeltreppe hochführt.
Weiter auf dem Teersträßchen, wobei man zurückblickend die
Ansicht der Burg sowie den Blick über das Eisacktal genießt, hin-
unter nach **Waidbruck**.

Ruine Wolkenstein

Felsennest in Gröden:
Wolkenstein – Burgruine – Langental – Wolkenstein

11

Tourencharakter: Einfache Wanderung. Im Bereich der Ruine kann Steinschlag nicht ausgeschlossen werden!
Beste Jahreszeit: Mai-Spätherbst.
Ausgangsort: Wolkenstein.
Wanderkarte: Freytag & Berndt 1:50 000, Blatt 5 (Cortina – Marmolada – St. Ulrich).
Markierungen: Wegweiser; rotweiße Zeichen.
Verkehrsanbindung: Grödnertalstraße von Waidbruck (nächster Bahnhof) 21 km, 27,5 km von Klausen (Autobahnanschlussstelle). Busverbindungen.

Einkehr: Z. B. bei Franco im Speckkeller.
Unterkunft: Hotel Portillo★★★★, des ehemaligen Slalom-Weltmeisters Carlo Senoner; Tel. 04 71/79 52 05. Hotel Alaska★★★, an der Wanderroute, Tel. 04 71/79 52 98. Albergo Scoiattolo★★, an der Wanderroute, Tel. 04 71/79 52 02. Privatzimmer La Nidla, unterhalb der Burgruine, Tel. 04 71/79 40 38.
Tourist-Info: Tourismusverein, I-39048 Wolkenstein, Tel. 04 71/79 51 22, Fax 79 42 45, E-Mail: selva@val-gardena.com, Internet: www.val-gardena.com

leicht

5,5 km

1 3/4 Std.

↑100 m
↓100 m

😊 ja

Von den Urlaubern in Wolkenstein fällt nur wenigen die Burgruine in der Steviawand am Eingang des Langentales auf – etwa 50 m oberhalb des Fahrsträßchens, wie hingeklebt an den Dolomitfels. Man muss den Standort kennen, um die Mauern unterscheiden zu können vom bräunlich-rötlichen Gelb und Grau der Felswand.

Der Wegverlauf

In → **Wolkenstein** gehen wir von den Hotels Stern und Laurin (Bushaltestelle) etwa 100 m talauswärts und biegen dann rechts in die **Streda Dantercâpies** ein. Streda ist ladinisch und heißt Straße. Nun geht's bergan. Beim Scheitelpunkt der Straße bzw. vor der Dantercâpies-Umlaufbahn links, am Hotel Alaska halten

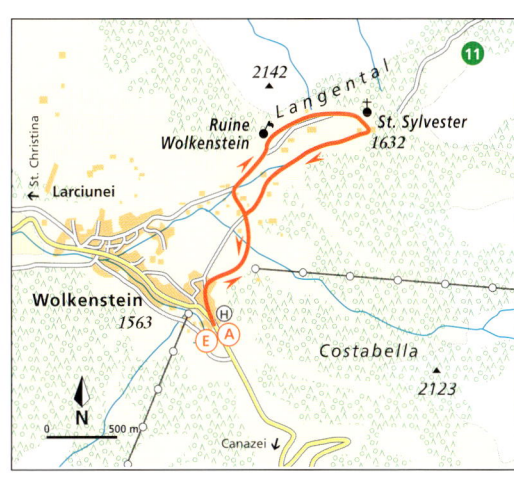

11

Zu Füßen der
Burgruine ver-
lief der »Troi
pajan« durch
das Tal, vom
Grödnerjoch
kommend nach
Klausen. Die-
ser bedeutsame
Urweg dürfte
Anlass zur Bur-
gengründung
gewesen sein.

wir uns links und laufen nun abwärts, begleitet von den Häusern der alten Streusiedlung **Larciunëi**. Unten überquert man das Tal-bächlein. Dann geht es rechts (Streda Val) auf geteertem Sträßchen ins **Langental**. Ab dem Haus **La Nidla** (rechts) noch etwa 100 m weiter, dann links ab (Wegtafel), deutlich erkennbar, in knapp 10 Minuten zu einer **Rastbank** am querverlaufenden **Kreuzweg**. Von dort schräg rechts 5 Minuten hinauf zu Holzboh-lenstufen (Steinschlaggefahr!) und zur Schildmauer des kleinen Zwingers, dem einzigen Zugang der Burgruine **Wolkenstein** (von Wolkenstein aus 50 Minuten).

Über der Hauptpforte ist ein Wappenstein (Kopie) der Wolkenstei-ner eingelassen. Schräg rechts davon betrat man vom Wehrgang

*Wolkenstein -
scheinbar mit
dem Fels ver-
wachsen.*

11

aus durch einen klei-
nen Rundbogen die
Wohnräume. Wir ge-
langen über Holztrep-
pen in das erhöhte Erd-
geschoss des ehemd
fünfstöckigen Wohn-
turmes.

An den beiden obe-
ren Fenstern (Wohnge-
mach) sind Seiten-
bänke angebracht. Von
hier aus hat man einen
prächtigen Ausblick

*Eingang in
die Burgruine
Wolkenstein.*

zum riesigen Felsleib des Langkofels, dem alpinen Wahrzeichen
von Gröden. Die Burgküche wird an der Stelle der eingestürzten
Nordwand vermutet, von wo ein stellenweise drahtseilgesicherter
Felssteig (Steinschlaggefahr!) auf schmalem Bändchen zum einsti-
gen Brunnenhaus in einer höhlenartigen Nische führt. Das zwei
Meter tiefe quadratische Becken sammelte Schmelzwasser aus der
Steviawand, das möglicherweise in hölzernen Rohren oder Kan-
deln zugeleitet wurde.

Rückweg: Wir gehen hinunter zur **Rastbank**, dann links auf
dem 1983 eingeweihten Kreuzweg die Hänge traversierend in

20 Minuten zu der
1878 neu erbau-
ten, mit Votivga-
ben bedachten **Syl-
vesterkapelle**
(1632 m) im land-
schaftlich monu-
mentalen **Langen-
tal**. Ein Sträßchen
bringt uns wieder
nach **Larciunëi** auf
die bekannte Stra-
ße des Hinweges,
über die Kuppe
hinweg.

E Eingang,
1 Wohnturm,
2 Brunnenhaus

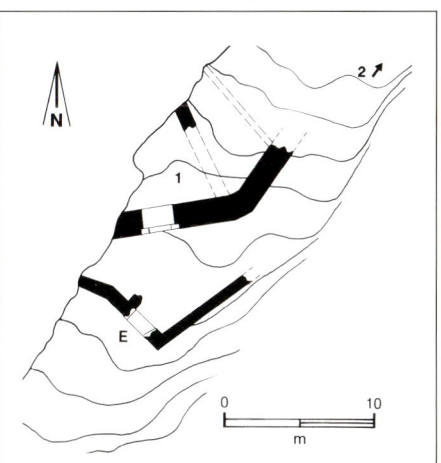

12 Ruine Hauenstein

Wo Oswald von Wolkenstein lebte:
Völs – Hotel Salegg – Burgruine Salegg – Hauenstein – Völs

leicht

4,5 km

1 1/2 Std.

↑ 260 m
↓ 290 m

ja

Tourencharakter: Unschwierige, streckenweise schattige Rundwanderung.
Beste Jahreszeit: Ostern–Allerheiligen.
Ausgangsort: Seis.
Wanderkarte: Wege-Übersichtskarte am Kirchplatz. Mapgraphic 1:25 000, Blatt 11 (Schlern-Rosengarten).
Markierungen: Wegweiser und rot-weiße Zeichen.
Verkehrsanbindung: Ab den Autobahnanschlussstellen Bozen-Nord und Klausen jeweils 17 km. Busverbindungen. Parkmöglichkeit beim Verkehrsamt (Durchgangsstraße).
Einkehr: Restaurant-Pizzeria Sciliar.

Trotzstube. Gasthof Vigilerhof. Zum Woscht. Café Ritterhof.
Unterkunft: Club Hotel Diana★★★★, Tel. 04 71/70 61 29. Hotel Enzian★★★, Tel. 04 71/70 50 50. Hotel Waldrast★★★, am Wanderweg, Tel. 04 71/70 6 17. Hotel Salegg★★, am Wanderweg, Tel. 04 71/70 61 23. Nächster Campingplatz St. Konstantin/Völs: Seiser Alm★★★, Tel. 04 71/70 64 59.
Tourist-Info: Tourismusverein, I-39040 Seis am Schlern, Tel. 04 71/70 70 24, Fax 70 66 00, E-Mail: seiseralm@dolomitisuperski.com, Internet: www.dolomitisuperski.com/seiseralm

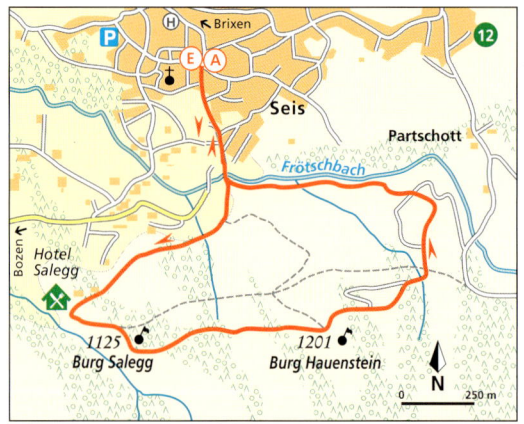

So ungewöhnlich wie das Leben des Ritters, Dichters, Musikers, Sängers und Diplomaten von Wolkenstein verlief, so extrem ist auch der Standort seines Wohnsitzes auf einem 20 m hohen Felssturzmonolith im Schatten des Schlern.

Der Wegverlauf

Vom Verkehrsamt in **Seis** auf der Durchgangsstraße (Schlernstraße) abwärts in Richtung Völs. In Höhe der Pension Hauenstein erscheinen südöstlich im Tannengrün die bleichen Mauern von Hauenstein. Vor der Pension verlassen wir die Straße links, gleich danach führt der Weg rechts ansteigend, nochmals rechts im Ortsteil Kohlstatt, vorbei am Gästehaus Bergfrieden und auf einem Holzsteg über den **Frötschbach**.
Nun wandern wir auf dem breiten Natursträßchen geradeaus

12

(nicht der Linkskurve folgen!) in 10 Minuten zum **Hotel Salegg** (1026 m). Das Haus hat eine hundertjährige Tradition und wird hauptsächlich im August von Italienern besucht (von Seis 20 Minuten).

Beim großen, eingezäunten Felsblock biegt unsere Route scharf links ein (geradeaus führt der Weg gemäß Markierung 2 in 1 Std. zum Völser Weiher). Auf dem oberen Pfad steigen wir an zu den Mauerresten der Mitte des 12. Jahrhunderts erbauten **Burg Salegg** (1125 m), »auf zwei pügsenschuss« von Hauenstein entfernt, taxierte der Historiker Marx Sittich von Wolkenstein.

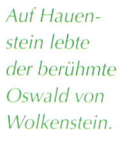

An der Südseite der Ruine mit dem schmalen Hangpfad ostwärts etwa 10 Minuten zu einem breiten Weg. Rechts in weiteren 10 Minuten an die Basis des überhängenden Burgfelsens von **Hauenstein**. Dort um den Block herum zur Hangseite *Auf Hauen-* und mittels Steiganlage in die Ruine (von Seis 1 Std.). *stein lebte*

Auf dem höchsten Punkt reckt sich der Bergfried in Form eines *der berühmte* unregelmäßigen Vierecks (6 x 7 m), immerhin noch mit mehr als *Oswald von* 9 m und teilweise 1,6 m starken Mauern. Es handelt sich um ei- *Wolkenstein.* nen typischen Wohnturm. Den Platz der Burgkapelle – geweiht den hl. Martin und Sebastian – sucht der Historiker Dr. Helmut Stampfer im nördlichen Teil des Areals.

Rückweg: Mit Markierung 8 zu einer Gabelung. Links wird ein breiter Weg erreicht. An seiner Linkskurve (Holzwand) wandern wir rechts weiter, nun auf einem Pfad. Wir kreuzen die **Natur-Rennrodelbahn** und gelangen gemäß Nr. 8 zum eisernen Bachsteg. Ungefähr 10 Minuten später folgen die ersten Häuser. Man überquert den Parkplatz des **Hotels Waldrast** und gelangt auf der Hauenstein-straße zur Hauptstraße.

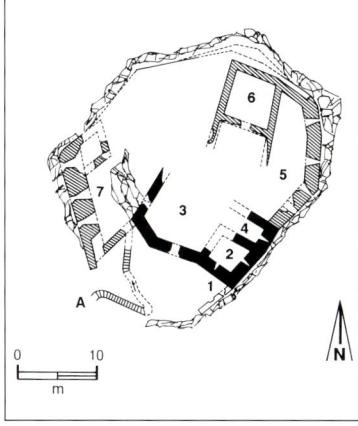

A Aufgang,
1 Palas des 15. Jahrhunderts,
2 Bergfried,
3 Festes Haus (Alter Palas),
4 Wirtschafts-gebäude,
5/6 Anbauten des 16. Jahrhunderts,
7 Geschütz-stände

13

Schloss Prösels

Im Schatten des Schlern:
Ums – Tschafonleger – Schönblick – Schnaggenkreuz – Prösels – Ums

 mittel

 11 km

 3 ½ Std.

 ↑ 560 m ↓ 550 m

 ja

Tourencharakter: Rundwanderung in abwechslungsreicher alpiner Mittelgebirgslandschaft; wenig Schatten.
Beste Jahreszeit: Entsprechend der Öffnungszeiten bzw. Frühsommer-Spätherbst.
Ausgangsort: Ums.
Wanderkarte: Mapgraphic 1:25 000, Blatt 10 (Bozen-Ritten).
Markierungen: Wegweiser, rotweiße Zeichen.
Verkehrsanbindung: Von Völs am Schlern 3 km, streckenweise schmale Straße. Von Bozen 19 km (nächster großer Bahnhof), von Brixen 43 km. Keine Busverbindungen. Parkplätze am Ortseingang vor der Kirche.

Einkehr: Unterwegs Jausenstation Schönblick, Pröslerhof.
Unterkunft: In Ums Gasthof Kircher★★, Tel. 04 71/72 51 51. In Prösels Gasthof Pröslerhof★★, Tel. 04 71/60 10 69. Hotels aller Kategorien in Völs. Nächster Campingplatz in St. Konstantin/Völs: Seiser Alm★★★, Tel. 04 71/70 64 59.
Tourist-Info: Tourismusverein, I-39050 Völs am Schlern. Tel. 04 71/72 50 47, Fax 72 54 88. E-Mail: tvvoels@acomedia.it, Internet: www.dolomitisuperski.com.seiseralm
Bemerkung: Vom Parkplatz in Dorf Prösels etwa 5 Minuten zum Schloss Prösels.

Schloss Prösels im Vordergrund, dahinter der wuchtige Bergstock des Schlern – dieser Anblick gehört zu den schönsten Südtirolbildern, in denen sich mittelalterliches Bauwerk und grandioses Naturdenkmal vereinen.

Der Wegverlauf

In → **Ums** vom Gasthof Kircher durch den Ort zum Haus Alpenrose (Dorfbrunnen) und links bergan mit den Markierungen 3/4. So gelangen wir in 5 Minuten zu einem geteerten Fahrweg. Hier geht es rechts weiter. Wir halten uns vor dem Platzlungerhof halbrechts auf dem unteren Weg, vorbei am Violerhof zum **Schlernbach**.

Südansicht von Schloss Prösels.

Am anderen Ufer betritt man den **Naturpark Schlern**. Geradeaus wie Weg Nr. 4. Kurz danach bietet sich links eine Abkürzung an, ebenso 10 Minuten später. Gemütlicher ist der Forstfahrweg. Etwa 1 Stunde nach Ums an der Weggabelung (Mündung der Abkürzung) halblinks, 5 Minuten hinauf zum Hüttchen des aufgeforsteten **Tschafonlegers** (1360 m), einem

13

herrlichen Rastplatz, etwa 1:15 Std. nach Ums. Zum nahen Querweg. Auf ihm bummeln wir rechts – Markierung 7 – in glänzender Panoramatrasse. Schließlich senkt sich die Route über eine Wiese zur **Jausenstation Schönblick** (1193 m). Von Ums 1:45 Std.

Auf dem Fahrweg in wenigen Minuten zu einem **Bildstock**. Hier, an der Linkskurve, spazieren wir geradeaus (Nr. 7) durch lichten Wald und halten uns links Richtung **Schnaggenkreuz** (1010 m); es wurde zum Gedenken an die Südtiroler Soldaten angebracht, die 1944 in Rom einem Anschlag italienischer Widerstandskämpfer zum Opfer fielen.

Nun gehen wir rechts weiter, jetzt gemäß Markierung 5. Im Lärchenwald auf die Farbzeichen achten, bis der Völser Kirchturm die Richtung in den Ort → Prösels zeigt. Bei den ersten Häusern erfolgt zunächst ein kurzer Gegenanstieg zur vorzeitlich besiedelten Felskuppe mit dem dreigeschossigen **Pulverturm**. Dann laufen wir zum zum Schloss → **Prösels** hinunter. Durch ein »Mannsloch« im Spitzbogentor wird die Anlage betreten. Im Zwinger steht rechts der Basteiturm, eine Geschützbastion von 6 m Durchmesser. Der Burgaufgang führt; in den Hof, wo die Führungen beginnen (von Ums 2:30–2:45 Std.).

Nach **Ums** zurück gelangen wir in etwa 50 Minuten, indem wir im oberen Ortsteil unterhalb der Kirche auf dem Asphaltsträßchen marschieren.

Zwischendurch immer wieder Blicke auf die Südwestabstürze des Schlern. Gelegentlich schwebt am Himmel der Adler, der mit seinem Weibchen in der Hammerwand horstet.

14 Schloss Maretsch

Am Talferufer von Bozen: Obstmarkt – Museumsstraße – Maretsch –
Oswaldpromenade – St. Magdalena – Zentrum

 leicht

 6 km

 1 3/4 Std.

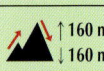 ↑ 160 m ↓ 160 m

 ja

Tourencharakter: Rundwanderung auf meist asphaltierten Wegen.
Beste Jahreszeit: Frühling–Spätherbst.
Ausgangsort: Bozen.
Wanderkarte: Mapgraphic 1:25 000, Blatt 10 (Bozen-Ritten).
Markierungen: Vereinzelt Wegweiser.
Verkehrsanbindung: Autobahnanschlussstellen Bozen-Nord und -Süd. Vom Brenner 82 km, von Meran 27 km. Bahnhof. Busbahnhof nahe Bahnhof. Parken z. B. Tiefgarage unter dem Waltherplatz, Tiefgarage Bahnhofplatz, Tiefgarage Perathonerplatz. Talstation der Jenesien-Seilbahn (Sarntaler Straße); von dort 10 Minuten ins Zentrum. Geheimtipp: Parkplatz bei Schloss Maretsch, jedoch schwierig zu finden.
Einkehr: Heiße, frische »Stadtwurst« im fahrbaren Kiosk am Eingang vom Obstmarkt in die Lauben. Besonders typisch in Bozen: Restaurant Roter Adler

»Vögele« (Goethestraße 3). Außerdem: Batzenhäusl, Andreas-Hofer-Stube im Hotel Mondschein, Torgglhaus, Zum Bogen, Weißes Rössl. Unterwegs: Restaurant Schloss Maretsch; Sonntag geschlossen. Restaurant Eberle (Dienstag geschlossen) in St. Magdalena.
Unterkunft: Infolge der Parkraumnot am besten in den Außenbezirken, z. B. im zentrumsnahen Stadtteil Rentsch, problemlos erreichbar von der Autobahnausfahrt Bozen-Nord: Magdalenerhof★★★, Tel. 04 71/97 82 67.
Rentschner Hof★★★,
Tel. 04 71/97 53 46.
Pension Sonja★, Tel. 04 71/97 32 81.
Camping Moosbauer★★★★ (Moritzinger Str. 83), Tel. 04 71/91 84 92.
Tourist-Info: Tourismusverein, Waltherplatz 8, I-39100 Bozen.
Tel. 04 71/30 70 00, Fax 98 01 28,
E-Mail: bolzano@sudtirol.com,
Internet: www.sudtirol.com/bolzano

Geradezu lieblich ist die Vedute von der bäumebeschatteten Wassermauer am Talferufer: Zwischen Weinstöcken liegt ein burgähnliches Schloss mit Ecktürmen und Bergfried. Wie im Märchen!

Der Wegverlauf

Bei Schloss Maretsch grüßt aus den Dolomiten breit gelagert die unvergleichliche Schönheit des Rosengartens. Nördlich zeigt sich die hochgelegene Ruine **Rafenstein** (Wanderung 16).

Am **Obstmarkt** in → **Bozen**, gegenüber den Lauben, nehmen wir die **Museumsstraße**. An ihrem Ende ist links das **Südtiroler Archäologiemuseum** untergebracht. Dann kreuzt man die Sparkassenstraße (links Städtisches Museum). Vor der Talferbrücke bummeln wir rechts und durch die Anlagen der Wassermauer; besondere Bäume und Sträucher sind mit gelben Hinweistäfelchen versehen. Nach einigen Minuten geht es rechts über Stufen in die Weingärten und links zum Portal von **Maretsch**. Über dem Eingang das Allianzwappen Hendl-Thun mit der Jahreszahl 1633, als Ulrich von Hendl (Schloss **Kastelbell,** Wanderung 31) Umbauten

veranlasste. Im Hof er-
zählt links ein Wappen
von den Hendl; darüber
zeigt ein Fresko den hl.
Florian. Rechts wird die
Front vom Lukas-Turm be-
grenzt. In ihm war die
Schlosskapelle unterge-
bracht, ehe das öster-
reichische Militär 1918

14

*Fresken in
Schloss Ma-
retsch.*

eine Küche einrichtete. Links reckt sich der Caspar-Melcher-Turm.
Wieder auf der Wassermauer, schlendern wir taleinwärts. Vor
dem Komplex der ehemaligen **Burg Klebenstein**, in der Eigen-
tumswohnungen untergebracht sind, wendet man sich rechts zur
St.-Heinricher-Straße. Schräg rechts gegenüber übernimmt uns
die **Oswaldpromenade**. Nach 15 Minuten passiert man den Felsdurchlass »Schwarze Männer«, etwas später die Gedenktafel für
Carl Ritter von Müller (1821–1909), der ein Förderer der touristi-
schen Entwicklung Bozens war.

14

Auf dem oberen Weg gelangen wir durch den Flaumeichenwald zum **Ausflugslokal Eberle** in schöner Hanglage. Von dort hinunter ins berühmte Weindorf → **St. Magdalena**.

Vom **Kandlerhof** führt ein schmales Sträßchen abwärts durch die Unterführung der 1907 eröffneten, 1965 eingestellten Rittner-Zahnradbahn zur Rentschstraße im **Stadtteil Rentsch**. Rechts, nach

Schloss Maretsch, hervorgegangen aus einer Wasserburg am Talferufer.

100 m gehen wir auf den **Oswaldweg**. Kurz dahinter steht links der **Ansitz Hörtenberg** (um 1584), den hübsche Erkertürmchen zieren. Links in die Hörtenbergstraße. Etwa 100 m danach rechts, der St.-Johannes-Gasse folgend, zu der gegen 1180 geweihten Kirche **St. Johann** im so genannten »Dorf«. Am Ende der Gasse halten wir uns rechts, dann links in die Batzenhäuslgasse; beim **Gasthof Batzenhäusl** rechts, durch die Andreas-Hofer-Straße, dann links in die Bindergasse. Am Ende der Gasse geht es rechts und durch die **Lauben** gelangen wir zurück zum Ausgangspunkt.

E Eingang,
1 Hof,
2 Gaststätte,
3 Bergfried

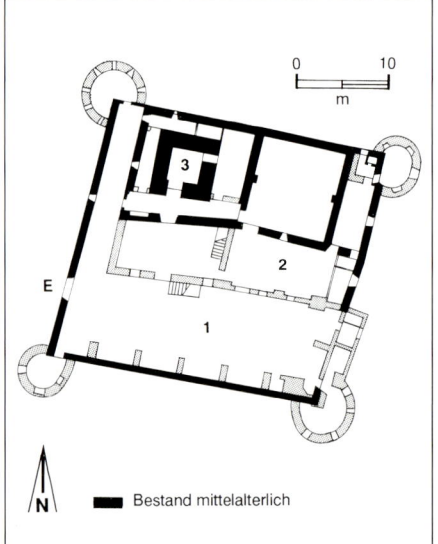

Bestand mittelalterlich

Burg Runkelstein

Glanz des Etschlandes:
Parkplatz – Runkelstein – Parkplatz

 leicht

 knapp 1 km

 10 Min.

 ↑ 30 m ↓ 30 m

 ja

Tourencharakter: Spaziergang.
Beste Jahreszeit: Entsprechend der Öffnungszeiten bzw. von Ostern–Herbst.
Ausgangsort: Bozen.
Ausgangspunkt: Nördlicher Stadtrand von Bozen, unterhalb Runkelstein, vom Zentrum 2 km; Anfahrt am besten über die Sarntaler Straße. Parkplätze neben der Straße. Stadtbus-Haltestelle.
Wanderkarte: Mapgraphic 1:25 000, Blatt 10 (Bozen-Ritten).
Markierungen: Hinweistafel.
Verkehrsanbindung: Autobahnanschlussstellen Bozen-Nord und -Süd. Vom Brenner 82 km, von Meran 27 km. Bahnhof. Busbahnhof nahe Bahnhof.
Einkehr: Burgschenke, einheimische Spezialitäten und mittelalterliche Gerichte. In Bozen siehe Wanderung 14.
Unterkunft: Infolge Parkraumnot und strengen Parkverboten am besten in

den Außenbezirken, z. B. im zentrumsnahen Stadtteil Rentsch, problemlos erreichbar von der Autobahnausfahrt Bozen-Nord: Magdalenerhof★★★, Tel. 04 71/97 82 67. Rentschner Hof★★★, Tel. 04 71/97 53 46. Pension Sonja★, Tel. 04 71/97 32 81. Camping Moosbauer★★★★ (Moritzinger Str. 83), Tel. 04 71/91 84 92. Exquisit-erstklassig im Zentrum: Hotel Greif (Waltherplatz 7), Tel. 04 71/31-80 00.
Internet: www.greif.it
E-Mail: info@greif.it
Tourist-Info: Tourismusverein, Waltherplatz 8, I-39100 Bozen, Tel. 0471/307000.
E-Mail: bolzano@sudtirol.com,
Internet: www.sudtirol.com/bolzano

Als »doppelten Glanz des Etschlandes und der Künste« pries der Reiseschriftsteller Heinrich Noé die Burg Runkelstein vor einem Jahrhundert. Den imposantesten Anblick bietet die Mündung der Sarner Schlucht: hoch getürmt auf dreiseitig vorspringendem, von der Talfer umspültem, scharfkantigem Porphyrfels.

Der Wegverlauf

Von den bei **Ausgangspunkt** erwähnten Parkplätzen gelangt man nach kur-

Fresken in Runkelstein; die Dame mit dem Zopf wird als Gräfin Margarethe Maultasch gedeutet.

Burg Runkelstein betrachtet vom Ufer der Talfer.

zer Steigung zu dem mit wehrtechnischen Finessen versehenen Torbau von **Runkelstein**. Den ersten Teil des Burghofes begrenzen links der **Westpalas**, rechts der **Ostpalas**, in dem die Kapelle sowie die alte Küche untergebracht waren. Das Vorhandensein zweier Palasse erklären Burgenforscher mit den zwei ersten Besitzern, den Brüdern Beral und Friedrich von Wangen, einer aus

Tipp

Etwa 250 m südlich von Runkelstein steht auf dem Talboden der
Sarner Schlucht die einstige, nie-
mals eroberte Wasserburg Ried, die
im 12. Jahrhundert von den Herren
von Wangen erbaut wurde.

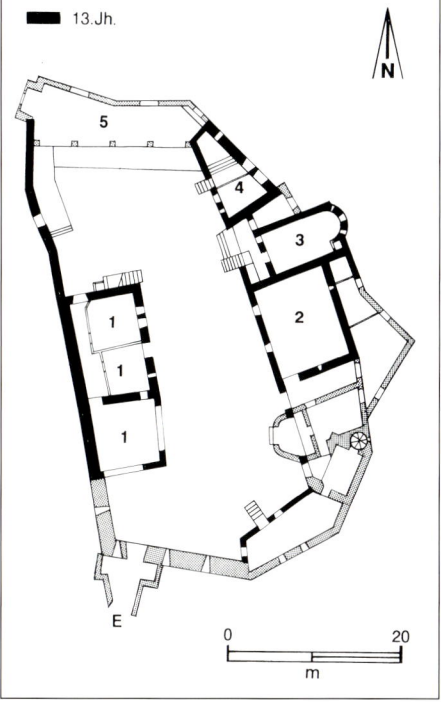

■ 13. Jh.

N

E

0   20
m

dem Engadin stammenden, im
südlichen Tirol ab Mitte des
12. Jahrhunderts nachgewiese-
nen, einflussreichen Familie.
Unter den späteren Besitzern
müssen die Brüder Franz und
Nikolaus Vintler, vermögende
Bozener, hervorgehoben werden. Nikolaus veranlasste im
ausklingenden 14. Jahrhundert
durchgreifende Neuerungsmaß-
nahmen und zauberte dadurch
ein wahres Schatzkästlein. Das
fand besonderen Ausdruck im
Freskenschmuck des Westpalas.
An den Holztischen der Burgschenke lässt es sich stim-
mungsvoll rasten.

E Eingang,
1 Westpalas,
2 Ostpalas,
3 Kapelle,
4 Küche,
5 Sommerhaus
(›Vintlertrakt‹)

Ich habe einiges bei Hans Vintler gelesen, der hier vor 600 Jahren Spottverse gegen den Adel schrieb. Mit beißendem Hohn
prangerte er Unsitten an wie die Bestattung in Kirchen, »obwohl
es besser wäre, wenn solches Aas bei gemeinen Leuten läge …«
Und beim »Glasl« Wein muss ich Viktor von Scheffel bei-
pflichten:

> Noch heute freut`s mich, o Runkelstein,
> Dass einstmals zu guter Stunden
> In der Talfer felsenges Tal herein
> Zu dir den Weg ich gefunden.
> Im Rittersaale am hohen Kamin
> Saß lang ich in Sinnen versunken,
> und habe im feurigen Wein von Tramin
> Der Vintlers Gedächtnis getrunken.«

16 Ruine Rafenstein

Am Urweg ins Sarntal:
Sarntaler Straße – St. Jakob – Rafenstein – Sarntaler Straße

leicht

3,5 km

1 1/2 Std.

↑ 390 m
↓ 390 m

ja

Tourencharakter: Überwiegend geteerte Strecke, teilweise steile Abschnitte; kein Schatten.
Beste Jahreszeit: Ostern–Spätherbst.
Ausgangsort: Bozen.
Ausgangspunkt: Talstation der Jenesien-Seilbahn an der Sarntaler Straße, vom Zentrum 2,5 km. Stadtbusverbindungen. Parkplätze: Unterhalb der Sarntaler Straße am Taleruferer.
Wanderkarte: Mapgraphic 1:25 000, Blatt 10 (Bozen-Ritten).
Markierungen: Wegtafeln sowie rotweiße Zeichen.
Verkehrsanbindung: Autobahnanschlussstellen Bozen-Nord und -Süd. Vom Brenner 82 km, von Meran 27 km. Bahnhof. Busbahnhof nahe Bahnhof.

Parken im Zentrum: Garage unter dem Waltherplatz.
Einkehr: Gasthof Rafenstein (Dienstag geschlossen); selbst angebaute Rot- und Weißweine. Ansonsten s. Tour 14.
Unterkunft: Zum Beispiel im zentrumsnahen Stadtteil Rentsch, problemlos erreichbar von der Autobahnausfahrt Bozen-Nord: Magdalenerhof ★★★★, Tel. 04 71/97 82 67. Rentschner Hof ★★★, Tel. 04 71/97 53 46. Pension Sonja, Tel. 04 71/97 32 81. – Camping Moosbauer ★★★★ (Moritzinger Str. 83), Tel. 04 71/91 84 92.
Tourist-Info: Tourismusverein, Waltherplatz 8, I-39100 Bozen, Tel. 04 71/30 70 00, Fax 98 01 28. E-Mail: bolzano@sudtirol.com, Internet: www.sudtirol.com/bolzano

Der Urweg ins Sarntal verlief von Bozen aus am westlichen Hang über der tief eingerissenen Sarner Schlucht, unterhalb von Jenesien, wo die Ruine des »Sarner Schlosses« – so der Volksmund – von felsigem Fundament weit ins Land hinaus grüßt.

Der Wegverlauf

Am nördlichen Stadtrand von → **Bozen**, neben der Jenesien-Seilbahn bzw. jenseits des Baches, gehen wir in den **Rafensteiner Weg**: beschilderte Wanderroute Nr. 2. Auf der Höhe ist bereits die Burgruine zu sehen. Das Sträßchen führt ziemlich steil bergan. Bald öffnet sich der erste Blick auf **Runkelstein** (Wanderung 15). Nach 1/4 Stunde steht rechts ein

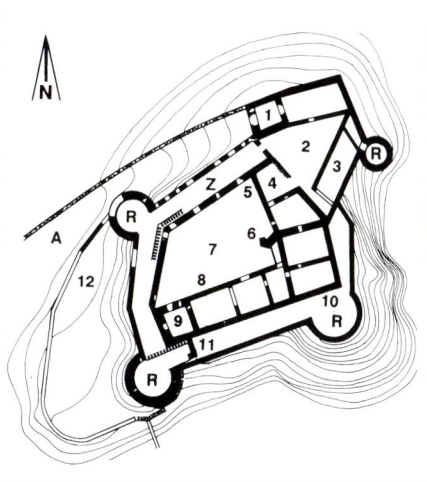

Bildstock von 1888. Hier geht man links über die alte Bogenbrücke, nun weiter mit der Markierung 1 B, wobei sich umfassende Ausblicke über → Bozen ergeben. Vor uns sehen wir das Kuppenkirchlein St. Georg. **St. Jakob** erreicht man bei der Häusergruppe Sand.

16

A Aufgang,
1 Torgebäude,
2 Vorhof,
3 Vermutlich Gesindewohnbau,
4 Haupttor,
5 Abortschacht,
6 Polygonaler Treppenaufgang,
7 Binnenhof,
8 Halber Spitzbogen,
9 Bergfried,
10 Erkergesims,
11 Abstieg in das Rondellgewölbe,
12 Vorzwinger,
R Rondelle,
Z Zwinger

Etwas später erweckt rechter Hand am gegenüberliegenden Hang eine einzelne Erdpyramide mit mächtigem Deckstein unser Interesse. Kurz nach dem Unterschreiten der Seilbahn (35 Minuten ab Ausgangspunkt) biegt man vor einem Stadel scharf rechts in den Weg Nr. 1 a ein. Dann tippelt man fast eben dahin auf erhebender Panoramatrasse. Rafenstein tritt ins Blickfeld. Vom letzten Anwesen aus gehen wir hoch zur Straße. An der Linkskurve laufen wir rechts, weiter zum **Gasthof Rafenstein**, dem »Schlossbauern« Matthias Unterkofler. Bei ihm erbittet man den Schlüssel für die Ruine der Burg **Rafenstein** (vom Ausgangspunkt 1 Std.).

Burgruine Rafenstein, ein stilles Wanderziel bei Bozen.

Rückweg: Auf steilem Fahrweg abwärts. Nach 10 Minuten ergibt sich ein instruktiver Blick auf Runkelstein: Wir haben den gesamten Gebäudekomplex deutlich vor Augen. Am Weg huschen Smaragdeidechsen über heiße Felsen, zwischen denen hier und dort Feigenkakteen (Opuntien) wuchern. Der »Knieschnackler« dauert 30 Minuten.

17

Ruine Neuhaus

Genannt »Maultasch«:
Terlan – Margarethen-Promenade – Neuhaus – Terlan

leicht

5 km

1 1/4 Std.

↑ 90 m ↓ 80 m

ja

Tourencharakter: Einfache Rundwanderung überwiegend ohne Schatten, streckenweise geteert.
Beste Jahreszeit: Frühling–Spätherbst.
Ausgangsort: Terlan.
Wanderkarte: Mapgraphic 1:25 000, Blatt 10 (Bozen-Ritten).
Markierungen: Wegweiser; rotweiße Zeichen.
Verkehrsanbindung: Staatsstraße 38 zwischen Bozen (9 km) und Meran (18 km). Ausfahrt der Schnellstraße (»MeBo«). Die Stelle, an der die Ausfahrt in einer Art Kreisverkehr auf die Staatsstraße stößt, heißt bei den Einheimischen wegen der Unübersichtlichkeit »Woasnet-Kreuzung« – Vorsicht! Bahnhof. Busverbindungen. Parken:

Gegenüber der Pfarrkirche, auf dem Dr.-Weiser-Platz (Tourismusbüro). Fußgängertunnel zur Kirche.
Einkehr: Gasthöfe in Terlan, z. B. Terlaner Dorfkeller. Restaurant Schützenwirt mit Gartenbetrieb, auch Pizza. Buschenschank Oberlegar, Eigenbauprodukte. Auch Hotels bei »Unterkunft«.
Unterkunft: Hotel Weingarten★★★, Tel. 04 71/25 71 74. Pension St. Peterhof★★, Tel. 04 71/25 71 54. Gästezimmer u. a. im Tschollhof, Villa Huber, Jägerheim. Camping im Ortsteil Vilpian: Ganthaler★★★, Tel. 04 71/67 87 16.
Tourist-Info: Tourismusverein, I-39018 Terlan, Tel. 04 71/25 71 65, Fax 25 78 30.

Burg Neuhaus sei Lieblingssitz der Tiroler Landesherrin Gräfin Margarethe (»Maultasch«) gewesen, was allerdings historisch nirgendwo belegt ist. Trotzdem blieb die Saga von der »Maultasch«.

Der Wegverlauf

In → **Terlan** läuft man ab der **Pfarrkirche** durch die Kirchgasse,

A Aufgang/ Eingang,
B Kleine Pforte mit Zwingerresten,
1 Zweites Tor,
2 Drittes Tor,
3 Palas,
4 Bergfried,
5 Steinstufen,
6 Kapelle,
7 Verbindungsgang,
8 Zweigeschossiges Gebäude,
9 Eckturm

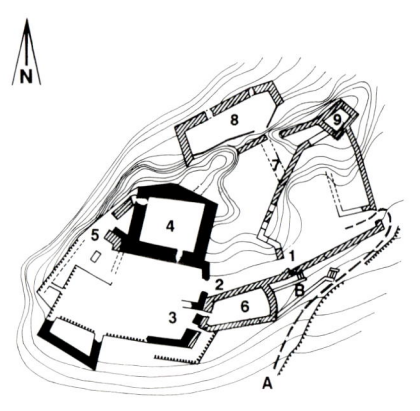

vorbei am Café Wieterer und am Gasthof Oberbacher, 15 Minuten zum **Ansitz Liebeneich** – Gerichtssitz von 1750 bis 1825 – der Grafen Enzenberg.

Hier schwenkt die Route rechts in den aussichtsreichen **Margarethenweg** ein und streift die

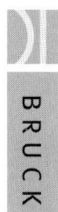

BRUCKMANN

Wir machen Freizeit *aktiver*

Welches Buch haben Sie gekauft?

Wie gefällt Ihnen das Buch?

(Was gefällt Ihnen gut bzw. was vermissen Sie?
Bitte Ihre ganz persönliche Meinung abgeben.)

Vielen Dank für Ihre Antwort und viel Spaß
mit unseren Produkten!

Schauen Sie doch mal bei uns rein:
www.bruckmann.de

Bu 0021

Antwortkarte

Bruckmann Verlag
Leserservice

D-80632 München

Bitte
mit DM 1,–
freimachen
oder faxen:
0180 - 532 16 20
Danke!

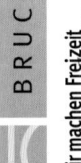

BRUCKMANN

Wir machen Freizeit *aktiver*

Dankeschön – und herzlichen Glückwunsch! Sie haben einen Titel aus dem Bruckmann-Verlag gewählt und sich damit für Qualität entschieden. Gerne informieren wir Sie über weitere Publikationen aus unserem vielseitigen Programm.

Kreuzen Sie einfach Ihr Interessensgebiet an:

☐ Wandern — WA
☐ Berge — BE
☐ Reise — RE
☐ Motorrad — MO
☐ Länderbildbände — LB
☐ Fahrrad — FA
☐ Berg-, Wander- und Reise-Videos — VB

☐ Kalender — KA
☐ Eisenbahn — EB
☐ Eisenbahn-Videos — VE
☐ Luftfahrt — BF

Welches weitere Themengebiet für Ihre Freizeit bzw. Ihr Hobby würde Sie interessieren?

_____

_____

Vorname: _____ Nachname: _____

Straße-Nr.: _____

Land / PLZ / Ort: _____

17

Jausenstation Hochbrunner. Wenig später ist das Asphaltsträßchen beim Meitinger Hof zu Ende. Der Fußweg leitet uns, ein Zaungatter passierend, zur Straße Terlan-Mölten. Jenseits dieser Straße setzt sich der **Margarethenweg** fort. An der 1. Trimm-Dich-Station vertrauen wir uns dem unteren Weg an: fast eben etwa 25 Minuten durch den Hangwald. Bachtobel werden auf Holzstegen überquert. Zuletzt 10 Minuten Anstieg auf steiniger,

In der Kirchgasse 62 produziert Sebastian Stocker hervorragenden Sekt – in geringen Mengen.

streckenweise aus dem Fels gehauener Trasse (Eisengeländer) in den unteren Vorhof von **Neuhaus** (vom Ausgangspunkt etwa 1 Std.).

Die Urkonzeption der Anlage ist am ehesten zu erfassen, wenn man vom Bergfried ausgeht, der zur Angriffsseite übereck steht. Anfänglich diente das vierte Obergeschoss mit dem drei Meter breiten und halb so hohen Halbkreisfenster als Wohnraum, die Stockwerke darunter der Verteidigung. Den Originalzugang an der 22 m hohen Südmauer bildet eine Rundbogenöffnung in Höhe der verblassten Sonnenuhr, damals erreichbar über eine heruntergelassene Leiter. Der westliche Turmzugang (1998 gesichert) ist jüngeren Datums.

Der imposante Bergfried der einstigen Burg Neuhaus bei Terlan.

Südlich des Turmes war der Palas erwachsen. Die unterste Vorburg überrascht mit einem knapp 10 m langen, von Menschenhand vergrößerten Felstunnel zu einem gleichfalls künstlich erweiterten Absatz, auf dem ein zweistöckiges Gebäude kauerte.

Rückweg: In 5 Minuten hinab zur Wegegabelung. Dort links und nach weiteren 5 Minuten zur Staatsstraße 38. Auf ihr rechts nach **Terlan**.

18 Schloss Katzenzungen

Burgenlandschaft um Prissian:
Nals – Unterkasatsch – Prissian – Katzenzungen – Nals

leicht

6 km

1 3/4 Std.

↑ 300 m
↓ 290 m

ja

Tourencharakter: Einfache Rundwanderung, wenig Schatten. Streckenweise asphaltiert.
Beste Jahreszeit: Ostern–Allerheiligen.
Ausgangsort: Prissian.
Wanderkarte: Mapgraphic 1:25 000, Blatt 5 (Deutschnonsberg – Lana – Tisens).
Markierungen: Aufstieg rotweiße Zeichen.
Verkehrsanbindung: Von Vilpian 2,5 km (nächster Bahnhof), von Niederlana 8 km, von St. Pauls/Eppan 11,5 km. Busverbindungen. Im Ort beschilderte Parkplätze.
Einkehr: Am Aufstieg Gasthof Unter-

kasatsch (u. a. selbst geräucherter Speck, Mittwoch geschlossen). Ansonsten in Nals und Prissian (Mohrenwirt empfehlenswert).
Unterkunft: In Nals u. a. Pension Rosenbaum★★★, Tel. 04 71/67 86 36. Hotels Nalserhof★★★★, Tel. 04 71/67 86 78. Pension Sandhofer★★★, Tel. 04 71/67 87 86. Garni Asper★, Tel. 04 71/67 84 33. Camping zum guten Tropfen★★, Tel. 04 73/67 80 46.
Tourist-Info: Tourismusverein, I-39010 Nals, Tel. 04 73/67 86 19, Fax 67 81 41. E-Mail: naturns@meranerland.com, Internet: www.meranerland.com/nals

Der Schriftsteller Heinrich Noé verlegt das »Paradies Südtirols« nach Prissian, auf den sonnigen Balkon über dem Etschtal, wo vor 1400 Jahren Langobarden saßen und später ein kleines Adelsparadies entstand.

Der Wegverlauf

Vor dem Stachelburgkeller in → **Nals** geht es rechts auf der Brücke über den **Prissianer Bach** und zwischen den Häusern hindurch auf dem alten Weg bergan und linkshaltend zum **Gasthof Unterkasatsch** (444 m); von Nals 20 Minuten. Wir folgen dem ansteigenden asphaltierten Fahrweg. Nach 15 Minuten kommt man rechts an einem idyllischen Weiher vorbei. Die Laugenspitze tritt ins Blickfeld und auch die Rückseite von Schloss Katzenzungen, ohne Pechnasen, lediglich mit Aborterkern.

Eigenwillig: Westfront von Schloss Katzenzungen.

Hinunter in die Mulde. Dort links, vorbei an der Kläranlage und nach **Prissian**. Von Nals etwa 1 Stunde. Dann spazieren wir links durch den Ort zur **Fahlburg**. Im Vorgängerbau soll Oswald von Wolkenstein 1421 gefoltert worden sein, und zwar im Rahmen des Streites um Hauenstein, »Des lig ich Wolkensteiner in der Fall«, wird auf die

Etwas abseits (15 Minuten) der Wanderung in Prissian lädt – außer Montag – ab Mittag der Bauernbuschen Saxiller Keller zu Brettlmarende, während der Törggelenzeit zu gesottenem Schweinernem mit Kraut, Hauswurst, Knödel etc. Hauseigener Vernatsch.

Fahlburg bezogen. Heutzutage die reizvollste Einkehr in Prissian, wenn man im Garten sitzen kann. Danach passiert der Wanderer den traditionsreichen **Mohrenwirt** der Familie Holzner, der auch die Wehrburg (Hotel) im Ort gehört. Eine bedachte **Holzbrücke** überspannt die Schlucht des Prissianer Baches.

18

Vom Gasthof Unterkasatsch führt links ein Weglein zur Ruine der um 1200 errichteten Burg Casatsch.

Auf der Straße erreichen wir in 5 Minuten das bereits 1159 erwähnte **St.-Martins-Kirchlein**. Unterhalb davon präsentiert **Katzenzungen** seine einzigartige Front. Die ungewöhnlich großen Gusserker (lichte Weite 1,8 m) sind wohl allein als »Zier« gedacht, da andere Verteidigungswerke fehlen. Eine 26 m lange dreibogige Brücke löste die hölzerne Zugbrücke ab.

Rückweg: Auf der wenig befahrenen Straße (2,5 km) absteigend in die Nalserbachschlucht und nach **Nals** beim Ansitz **Stachelburg**, die eine typische mittelalterliche Dorfburg ist. Nebenbei: Die Stachelburger aus Partschins verloren ihren letzten Erben 1809 im Tiroler Freiheitskrieg. Der derzeitige Besitzer Baron Sigmund von Kripp erzeugt hervorragende Weine.

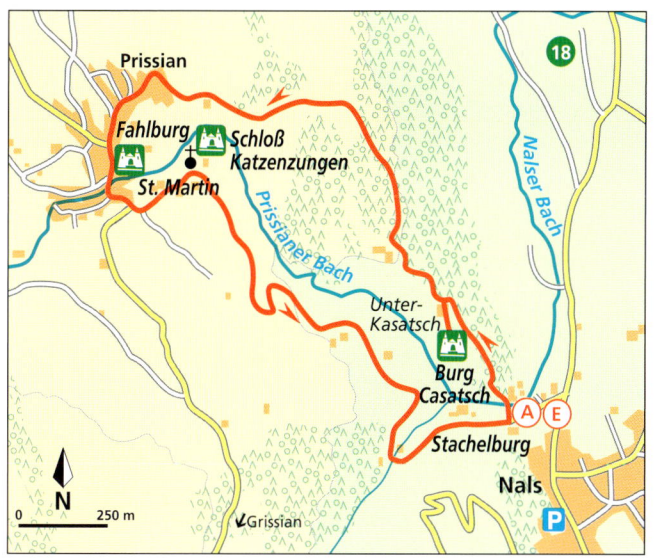

19 Ruinen Hocheppan – Boymont

Zwischen Rebe und Fels:
Korb – Unterhauser Keller – Hocheppan – Boymont – Korb

 mittel

 6 km

2 1/4 Std.

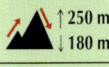 ↑ 250 m ↓ 180 m

 ja

Tourencharakter: Rundwanderung, mäßig schattig. Streckenweise Trittsicherheit erforderlich; bei Nässe rutschig.
Beste Jahreszeit: Entsprechend der Öffnungszeiten bzw. zwischen Ostern und Allerheiligen.
Ausgangsort: St. Pauls/Eppan.
Wanderkarte: Mapgraphic 1:25 000, Blatt 8 (Überetsch-Mendel).
Markierungen: Wegetafeln sowie rotweiße Zeichen.
Verkehrsanbindung: Von Bozen (nächster Bahnhof) über Frangart-St. Pauls 9,5 km. Busverbindungen.
Ausgangspunkt: Parkplatz bei Schloss Korb, von St. Pauls/Eppan 2 km. Keine Busverbindung.
Einkehr: Unterwegs in den Jausenstationen Unterhauser Hof (Montag geschlossen), Hocheppan (s. Sehenswür-

digkeiten), Boymont (Montag geschlossen), Korb (Montag geschlossen). In St. Pauls/Eppan rustikale Jausenstation Schreckensteinkeller; Bausubstanz 16. Jahrhundert. Restaurant Paulser Hof. Bistro Pasta & Co. Wein- und Sektlaube Kössler, Jausenteller, Donnerstag Kellerführung.
Unterkunft: Schloss Korb★★★★, Tel. 04 71/63 60 00, Internet: www. highlight-hotels.com/corb; in St. Pauls/Eppan bevorzugen wir Hotel Weingarten★★★, Tel. 04 71/66 22 99. Garni Felderer★★, Tel. 04 71/66 41 53. Garni Zobelhof★, Tel. 04 71/66 41 78.
Tourist-Info: Tourismusverein I-39057 Eppan-St. Michael. Tel. 04 71/66 22 06, Fax 66 35 46. E-Mail: info@eppan.net, Internet: www.eppan.net

A Aufgang,
B Barbakane,
1 Halsgraben,
2 Batterietürme,
3 Äußerer Zwinger,
4 Vorburg/Zwinger,
5 Innerer Zwinger,
6 Bergfried,
7/8 Innenhof,
9 Jausenstation,
10 Alter Palas,
11 Erweiterter Palas,
12 Kapelle

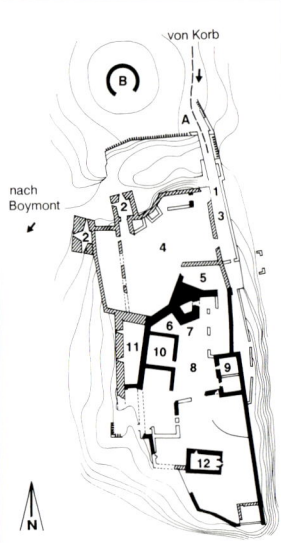

Hocheppan – Boymont – Korb: Das märchenhaft, abenteuerlich anmutende Eppaner Burgentriumvirat im Schatten der Gantkofelwand über den Obsthainen von Missian könnte der Schauplatz für spannende Rittergeschichten sein.

Der Wegverlauf

Am Parkplatz von Schloss → **Korb,** genau gesagt ab dem Bunker, laufen wir auf dem Burgenweg (Markierung 9) mit herrlicher Aussicht. Voraus zeigen sich bereits Kreidenturm und Hocheppan. Nach 10 Minuten durch eine Hof-Unterführung. Es folgt der **Unterhauser Keller**. Kurz darauf zweigt die

19

Forststraße »Hängender Stein« halb links ab. Sie führt an einer Ruine vorbei zur Wegegabelung. Weiter geht es auf dem breiten Weg (halb rechts etwa 100 m, an der Kreuzung rechts zum Kreidenturm, der einst gewissermaßen eine Dependance von Hocheppan bzw. Burggrafensitz und Alarmfeuerstätte war).

Unten Schloss Korb - oben Burgruine Boymont bei St. Pauls/Eppan.

Unsere Route streift gletschergeschliffene Porphyrfelsen und endet vorerst in **Hocheppan** (von Schloss Korb 1:15 Std.).

An der Nordseite von Hocheppan bringt uns ein Weglein in den dicht bewaldeten Tobel des **Wieser Baches**, der überschritten wird. Die erhebliche Steilheit wird durch die Metallkonstruktion der **Rudi-Treppe** ein wenig entschärft. Danach führt uns der Pfad zu einem breiten Querweg, dem wir links folgen. Bei den Gabelungen halten wir uns jeweils links und schlängeln uns durch Felsen abwärts zum geteerten Weg. Er führt uns rechts in 5 Minuten nach → **Boymont** (von Hocheppan 35 Minuten).

Abstieg: Nun von der Rückseite Boymonts, und zwar an der Nordwestecke hinunter zum querverlaufenden Weg 9 A (Richtung Kreuzstein, Gasthof dienstags geschlossen); links etwa 5 m, dann scharf links und dem Pfad folgend abwärts. Nach 10 Minuten halten wir uns vor der Obstwiese rechts und gehen vollends hinab zum Schloss → **Korb**. Ehe man sich auf der Veranda niederlässt, sollte man die Preise studieren!

20 Ruine Sigmundskron

Mächtigster Burgenbau Tirols:
Etschbrücke – Ruine Sigmundskron – Etschbrücke

leicht

3 km

1 Std.

↑ 130 m
↓ 130 m

ja

Tourencharakter: Einfache Streckenwanderung, wenig Schatten.
Beste Jahreszeit: Ostern-Allerheiligen.
Ausgangsort: Häusergruppe Sigmundskron.
Wanderkarte: Mapgraphic 1:25 000, Blatt 8 (Überetsch-Mendel).
Markierungen: Beschilderung sowie rotweiße Zeichen.
Verkehrsanbindung: Südtiroler Weinstraße, von Bozen 5 km. Bushaltestelle. Parkplätze; bei Nachfrage am Mendelhof.
Einkehr: Im Ort Gasthaus Mendelhof; Biergarten. Schlossgaststätte.
Unterkunft: Im benachbarten Frangart: Hotel Spitaler★★★,

Tel. 04 71/63 32 27. An der Straße nach Girlan: Hotel Sigmundskron★★★, Tel. 04 71/63 32 05. Außerdem in Girlan sowie in St. Pauls/Eppan (Tour 19). Nächster Campingplatz bei Bozen (Moritzinger Str. 83): Moosbauer★✍ ★★★, Tel. 04 71/91 84 92.
Tourist-Info: Tourismusverein, I-39057 Eppan-St. Michael, Tel. 04 71/66 22 06, Fax 66 35 46, E-Mail: info@eppan.net, Internet: www.eppan.net
Anmerkung: Die schmale, geteerte Zufahrt in die Burgruine Sigmundskron zweigt von der Südtiroler Weinstraße etwa 450 m nach Frangart nach einer Linkskurve plötzlich links ab.

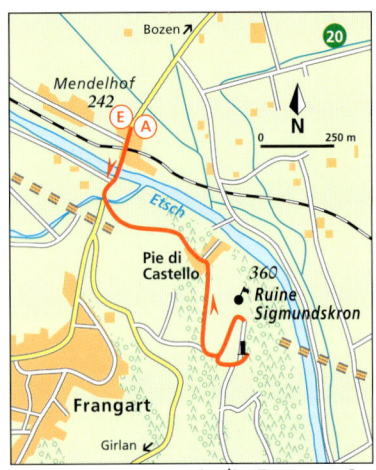

Unweit der Mündung von Etsch und Eisack hockt auf steilen Porphyrfelsen der wohl imposanteste Tiroler Burgenbau – weithin sichtbar beherrscht er die Landschaft. Er wurde erstmals bezeugt im Jahr 945 als »formicaria« und ist damit einer der ältesten im Land.

Der Wegverlauf

Vom »Mendelhof« in → **Sigmundskron** angesichts der Schlossruine gehen wir auf der Brücke über die **Etsch.** Nach 100 m – vor den Gebäuden des Obst- und Früchtehandels Oberrauch – verlassen wir die Bozener Straße linker Hand. Dann an der östlichsten **Lagerhalle** entlang, wo wir bereits die rotweißen Zeichen der Markierung 1 finden. Zunächst durch einen Tunnel und gleich danach erklären rechts Wegweiser die Wanderungen in Richtung Sigmundskron – Montiggler Seen. Wir gehen ansteigend in 1/4 Stunde zum Teersträßchen, links abzweigend erreicht man bald → **Sigmundskron** (vom Ausgangspunkt 30 Minuten).

20

Am **Torturm** begrüßt den Eintretenden das Wappen des Herzogs Sigmund (1427–1496); er gilt als Vater der modernen Festung. Der baufreudige Landesfürst soll 60 Kinder gezeugt haben; ehelicher Nachwuchs mit Eleonore, Tochter des schottischen Königs Jakob I., blieb jedoch aus!

In der Vorburg ragt links ein halbrunder Turm aus der Mauer. In Höhe des Erkers hatte Sigmund seine Wohnräume; im Untergeschoss befanden sich Geschützstände. Auch das Gebäude, in dem sich seit einem Vierteljahrhundert die Gaststätte befindet, die von der Familie Dösel aus Bad Reichenhall bewirtschaftet wird, war bewohnt, ebenso der fünfgeschossige Weiße Turm.

Auf dem höchsten Punkt der Gesamtanlage ist der Chorturm der romanischen Stephanskapelle erhalten: Er ist älter als die eigentliche, noch im 19. Jahrhundert ein geschlossenes Ensemble bildende Hochburg. Sie trug keinen Bergfried und konnte bis 1990 durch eine Mauerlücke besucht werden.

Eine Alternative zur geschlossenen Hochburg ist folgender Spaziergang: Man verlässt die Niederburg und zweigt ungefähr 100 m

Kapellenruine in der zur Zeit unzugänglichen Oberburg; Restaurierungsmaßnahmen.

nach dem Torgebäude links ab vom Sträßchen und geht aufwärts über Steinstufen, dabei hält man sich links zur eindrucksvollen, 45,5 m langen, am 9 m hohen, 5,1 m starken Breitseite der **Bastion**. An den Ecken wachen Rondelle mit Mauern, die an der Basis 4,5 m messen, sich nach oben hin um 1,65 m verjüngen. Laut Inventarliste von 1569 lagerten dort 21 Zentner Pulver und zwei Fässer Schwefel.

Rückweg: wie Hinweg.

A Aufgang,
1 Burghof,
2 Halbrunder Turm,
3 Gaststätte,
4 Weißer Turm,
5 Einst Wohngebäude,
6 Einst Wohngebäude,
7 Ältester Burghof,
8 Kapelle

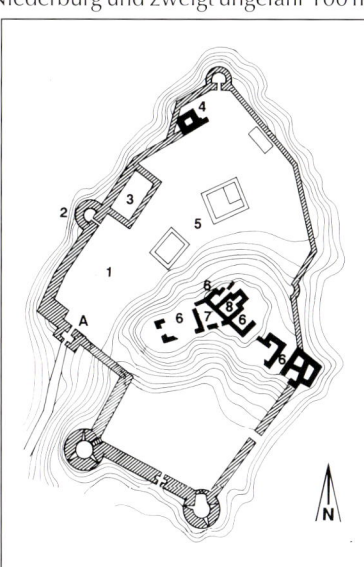

21 Ruine Leuchtenburg

Symbol des Kalterer Sees:
Kreither Sattel – Leuchtenburg – Kreither Sattel

leicht

2,5 km

1 Std.

↑ 200 m
↓ 200 m

ja

Tourencharakter: Überwiegend schattige Rundwanderung; bei Nässe stellenweise rutschig.
Beste Jahreszeit: Frühling–Spätherbst.
Ausgangsort: Kreither Sattel (382 m).
Ausgangspunkt: Westlich etwas unterhalb des Kreither Sattels zweigt (hölzerner Wegweiser, Markierung 13) südlich ein geschotterter Fahrweg ab, 100 m zu einem leer stehenden Haus (ca. 370 m). Dahinter Parkmöglichkeiten am Waldrand.
Wanderkarte: Mapgraphic 1:25 000, Blatt 8 (Überetsch-Mendel).
Markierungen: Hinweistafel sowie rotweiße Zeichen.
Verkehrsanbindung: Von Kaltern um die Nordseite des Kalterer Sees und die Passstraße hoch: 5 km. Von der Autobahnausfahrt Neumarkt-Auer 9,5 km. Keine Busverbindung.

Einkehr: U. a. am Kalterer See (zeitweise erdrückender Massentourismus).
Unterkunft: Bei der Anfahrt von Kaltern bzw. Auffahrt zum Kreither Sattel: Frühstückspension Kreithof★★, familiär, Tel. 04 71/96 00 25. An der Seestraße (St. Josef am See) vom Autor bevorzugt Gasthof Kalterer See Hof★★, auch Gartenbetrieb, Tel. 04 71/96 01 57. Benachbart Hotel Seeleiten★★★★, Tel. 04 71/96 02 00, sowie Thalhof★★★, Tel. 04 71/96 01 63. Nächste Campingplätze in Auer: Markushof★★★, Tel. 04 71/81 00 25. Wasserfall★★★, Tel. 04 71/81 05 19.
Tourist-Info: Tourismusverein, I-39052 Kaltern, Tel. 04 71/96 31 69, Fax 96 34 69. E-Mail: tourismusverein.kaltern@rolmail.net, Internet: www. hallo.com

Leuchtenburg fürwahr! Einmal hinsichtlich der isolierten Kegelposition, aber auch in der Bauform, vom Kalterer See aus gesehen: Der Ruinenstumpf – 350 m höher – ähnelt einer Leuchte. Wie die Burg vor 600 Jahren aussah, zeigen Wandfresken im besuchenswerten Schloss Moos-Schulthaus bei St. Michael/Eppan.

Der Wegverlauf

Von den Parkplätzen unterhalb des **Kreither Sattels** vertrauen wir uns der breiten Forststraße Kaiserberg an, aufsteigend etliche Minuten. Beim **Markierungsstein** zeigen Wegweiser der Route 13 b nach links. Also: Nicht rechts durch den Hohlweg, sondern die-

sen kreuzen und im Wald kehrenreich 25 Minuten steil empor zur **Leuchtenburg** gehen (vom Parkplatz 1:30 Std.).

Zwei Vorburgen aus verhältnismäßig primitiven Mauerzügen schützen die von der Natur schwach bewehrte Ost- und Südflanke. In der östlichen Vorburg wartet ein gemütliches **Rastplätzchen** angesichts der auffallenden hohen, fast fensterlosen Mantelmauer, die die auf der Felskuppe thronende Kernburg umschließt. Den Grundriss bildet ein unregelmäßiger Kreis, so dass sich ein Bergfried erübrigte. Der Hocheingang in der Südseite ist zugemauert. Das »**Hintertürchen**« birgt die Nordseite, ursprünglich ein Nebenpförtchen, etwa 1,5 m über dem Boden: Links oben dient eine eiserne Türangel als willkommener Griff, um in die Ruine zu gelangen. Rechts lehnt sich der kleine Palas an die Westmauer. Zu den beiden Hauptgeschossen (Freskoreste im 2. Stockwerk) mit je einem Saal und einer Kammer, führte aus dem Hof eine Freitreppe. Die anderen Trakte dienten als Vorratslager sowie für das Gesinde und die Waffenknechte. Ob es eine Kapelle gab, ist fraglich.

Abstieg: Wir steigen auf breitem Weg durch die östliche Vorburg ab, halten uns an der Gabelung rechts gemäß der Markierungen und erreichen auf dem alten, streckenweise noch gepflasterten Burgweg durch Laubwald in insgesamt 10 Minuten das **Berggeist'r Kreuz,** einen touristisch wichtigen Routentreffpunkt. Hier gehen wir rechts (der linke Abzweig führt auf den Mitterberg), geleitet von rotweißen Farbzeichen und Wegnummer 13 a in weiteren 10 Minuten zum **Parkplatz.**

»Vinum de Caldaro« liest man erstmals 1220, indes dürfte der granatrote, samtweiche »Kalterer« aus der Vernatschrebe wenigstens 1000 Jahre älter sein; er geht auf die Zeit römischer Besiedelung ab der Mitte des ersten nachchristlichen Jahrhunderts zurück.

22 Castelfeder

Geheimnisvoller Burgberg:
Parkplatz – Castelfeder – Parkplatz

 leicht

 2 km

 ³/4 Std.

 ↑ 150 m
↓ 150 m

☺ ja

Tourencharakter: Unproblematischer Wanderausflug; kein Schatten. Biotop-Vorschriften unbedingt beachten!
Beste Jahreszeit: Ostern–Allerheiligen.
Ausgangspunkt: Staatsstraße 48 oberhalb von Auer.
Wanderkarte: Mapgraphic 1:25 000, Blatt 8 (Überetsch-Mendel).
Markierungen: Wegweiser; teilweise rotweiße Zeichen.
Verkehrsanbindung: Von Auer (Bahnhof) auf der Staatsstraße 48 Richtung Cavalese 2 km; rechts etwa 1 Dutzend Parkplätze bei einer Biotop-Informationstafel. Bus-Bedarfshaltestelle. An der

Linkskurve kurz danach weitere Parkplätze. Von Kaltern 14 km.
Einkehr: In Auer u. a. Buschenschank Tschurtsch, Pizzeria Aura (35 verschiedene Pizze, auch Vollkorn).
Unterkunft: In Auer z. B. Hotel Groff★★★, Tel. 04 71/81 04 24. Hotel Mühle★★, Tel. 04 71/81 08 73. Gästehaus Rauch★, Tel. 04 71/81 01 95. Camping Wasserfall★★★, Tel. 04 71/81 05 19. Markushof★★★,
Tel. 04 71/81 00 25.
Tourist-Info: Tourismusverein, I-39040 Auer, Tel. 04 71/81 02 31, Fax 81 11 38.
E-Mail: info@auer.rolmail.net

1 Eingang und Torgebäude,
2 Kapellenruine,
3 Kuchelen,
4 Rutschbahn,
5 Badewanne,
6 Langobardenturm,
7 Kührast

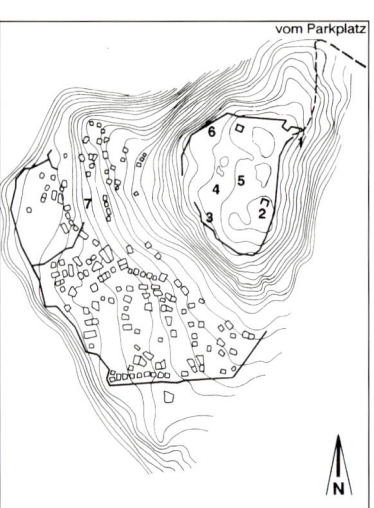

»Arkadien Südtirols« schwärmten Münchner Maler und spannten damit den Bogen zum Hochland des Peloponnes. Gelegentlich ist vom »Pompeji Südtirols« die Rede, wegen des alten Mauerwerks unter Dornenhecken, der antiken Ruinen und der vorgeschichtlichen Spuren.

Der Wegverlauf

Von den erwähnten Parkplätzen oberhalb von →

Auer neben der Straße laufen wir kurz bergan und gehen dann rechts hinunter 50 m in die Einsattelung. Dort rechts spitzwinkelig dem oberen Weg (Markierung 5 b) und etwa 100 m dem Bahnkörper der ehemaligen Fleimstalbahn folgen. Sie entstand mit einer Spurweite von 76 cm zwischen 1916 und Februar 1918

22

für militärischen Nachschub nach Cavalese. 6000 Kriegsgefangene, von denen zahlreiche an Unterernährung starben, bauten diese Linie, die 1929 elektrifiziert wurde; ihre letzte Fahrt fand am 10. Januar 1963 statt.

Bei der **Biotop-Tafel** verlässt man den Bahnkörper. Auf dem Weglein bergan, den Rücken des ersten Hügels überqueren. Der Torbau tritt ins Blickfeld. Aus der Mulde (betonierter Wassertrog) halten wir uns rechts zu den 1988–1991 restaurierten Befestigungen von **Castelfeder** (vom Parkplatz knapp 15 Minuten).

An höchster Stelle steht eine Seitenwand der romanischen **Barbarakapelle**, möglicherweise handelt es sich dabei um die Kapelle einer verschwundenen Burg der Edelfreien von Enn, ursprünglich den Heiligen Vigilius und Laurentius geweiht. Den Südrand des Plateaus säumen ein kurzes Stück weit die »Kuchelen«: dreibogige, wahrscheinlich spätrömische Mauerreste aus dem 5. Jahrhundert.

Geheimnisvolle Fragmente machen die faszinierende Atmosphäre von Castelfeder aus.

Leicht südwestlich der Barbarakapelle entdecken wir im Porphyrgestein die »**Rutschbahn**«, einen blank gescheuerten Fels, der glatt vom Rutschen sei – so heißt es. Dies sollen in heidnischer Zeit jene Frauen getan haben, die glaubten, dadurch fruchtbar zu werden. Das eingeritzte Kreuz könnte den Zauber gebannt oder ihn im Namen Jesu abgesegnet haben.

Nordwestlich, etwa 100 m von der Barbarakapelle entfernt, wirft die »**Badewanne**« Fragen auf. Sie ist ersichtlich aus dem Fels gemeißelt, zeitweise gefüllt mit Regenwasser – 170 cm lang, 70 breit, 45 tief – und wird als Kultplatz angesehen, aber auch schlichtweg als Wassertrog. Warum eigentlich nicht als Grabstätte?

In der Verlängerung stößt man hart am Plateaurand auf den »**Langobardenturm**«. Das Mauerwerk des quadratischen Turmstumpfes besteht aus Fischgrätenmuster, bei dem die Steinlagen ährenförmig geschichtet sind, deshalb von den Römern »opus spicatum« (spica = Ähre) genannt. Hier muss es sich jedoch nicht notwendigerweise um ein römisches Exemplar handeln, denn das Fischgrätenmuster findet sich auch bei den Langobarden sowie auch im Mittelalter.

Sie können stundenlang durch die archaische Landschaft streifen, weglos forschend und findend. Aber bitte nicht wühlend, sonst ergeht es Ihnen wie jenem sagenhaften Raubgräber, den die Geister von Castelfeder bis zu seinem Tod verfolgten ...

Rückweg: Wie Hinweg.

---

23   Ruine Kaldiff

Im Bozener Unterland:
Neumarkt – Kaldiff – Mazoner Spazierweg – Trudener Bach – Neumarkt

leicht

3,5 km

1 ¼ Std.

↑ 140 m
↓ 140 m

ja

Tourencharakter: Unschwierige, streckenweise schattige Rundwanderung. Im Ruinen-Areal von Kaldiff können einzelne Stücke von Mauerwerk abbrechen!
Beste Jahreszeit: Ostern–Allerheiligen.
Ausgangsort: Neumarkt.
Wanderkarte: Mapgraphic 1:25 000, Blatt 8 (Überetsch-Mendel).
Markierungen: Wegweiser und rot-weiße Zeichen.
Verkehrsanbindung: Staatsstraße 12 südlich (24 km) von Bozen. Von der Autobahnausfahrt Neumarkt-Auer 2,5 km. Bahnhof. Busverbindungen. Parkplätze um die Altstadt beschildert.
Einkehr: Gasthöfe in Neumarkt, u. a. Önothek-Restaurant Johnson & Dipoli, kreative Küche je nach Jahreszeit, 400 Qualitätsweine, glasweise Verkostung. Siehe auch »Andreas Hofer« bei Unterkunft.
Unterkunft: Hotel Andreas Hofer★★★ (historisches Zentrum), Tel. 04 71/81 26 53. Gasthaus zum Goldenen Löwen★, Tel. 04 71/81 21 90. Hotel-Pension Villner Hof★★ (Ortsteil Vill), Tel. 04 71/81 21 90. Nächste Campingplätze in Auer: Markushof★★★, Tel. 04 71/81 00 25. Wasserfall★★★, Tel. 04 71/81 05 19.
Tourist-Info: Tourismusverein, I-39044 Neumarkt. Tel. 04 71/81 23 73, Fax 82 06 07.

Als Bischof Konrad von Trient 1189 Neumarkt gründete und es mit Zoll- und Steuerfreiheit bedachte, dürfte Kaldiff bereits erbaut gewesen sein.

Kaldiff bewachte den Urweg aus dem Etschtal über Truden ins Fleimstal. Nun stellt die Ruine auf dem weingesegneten Mazoner Plateau, wo ein ausgezeichneter Blauburgunder gedeiht, das morbide Wahrzeichen der Umgebung dar.

Der Wegverlauf

In → **Neumarkt** beim **Hotel Post** kreuzen wir die Hauptstraße und steigen auf der **Fleimstaler Straße** an, vorbei am Ansitz Baron Longo (links, um 1730). Nach 400 m, gegenüber der Haushaltungsschule (Haus Nr. 8–10), rechts ab. In der Folge bergwärts und die Mazonerstraße queren. Der ehedem klassisch steingepflasterte Weg trägt leider eine Zementdecke. Nach etwa 25 Minuten wendet sich unsere Route vor einem Bauernhof nach

links. Die Markierung 3 leitet auf einer Geländezunge über der Schlucht des Trudener Baches zur imposanten Schildmauer von **Kaldiff**.

Die lohnendste Wanderung um Neumarkt führt zur Burgruine Kaldiff.

An der Schildmauer führt unser Weg links vorbei, dann rechts in den durch Trümmerwerk gefüllten **Vorhof**. Die Leibung des großen hangseitigen Fensters, dem vermutlich ein Erker vorgesetzt war, ist mit einem Landschaftsmotiv ausgemalt; bei der darauf abgebildeten Burg könnte es sich um Kaldiff handeln.

An die Nordostecke des Hofes grenzte die **Torhalle**. Dort zeigen verfallene Steinstufen den Aufgang zu dem mit Fresken reich verzierten **Rittersaal** im zweiten Obergeschoss; Seitenbänke an den Fenstern. Links wird der Innenhof von dreigeschossigen Wohngebäuden gesäumt, rechts war die Kapelle (zwei gotische Fenster) untergebracht. Am Ende des Ganges führt eine Pforte in den drei Meter tiefer liegenden Zwinger und die Vorburg. Dorthin gelangt man am sichersten auf der Westseite der Ruine. In der Vorburg gähnt ein dunkles vergittertes Loch. Burgenforscher nehmen an, dass sich darunter die Zisterne befindet.

Abstieg: Vom Platz vor der Schildmauer aus nimmt man den Mazoner Spazierweg. In 5 Minuten hinunter zum Rastplatz am Rand des Naturparks Trudner Horn. In der einstigen Lochmühle ist eine Geflügelfarm untergebracht. Dann talauswärts auf dem Sträßchen Schießstandweg zur Fleimstaler Straße, auf der wir links nach Neumarkt gelangen.

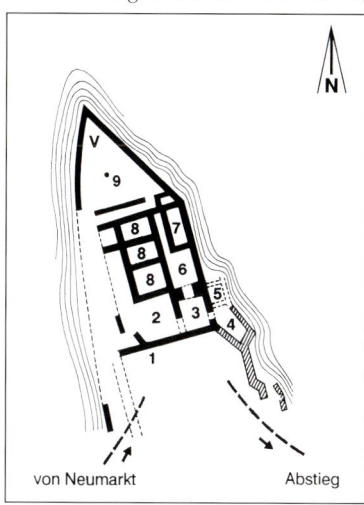

1 Schildmauer,
2 Burghof,
3 Torhalle,
4 Torbau,
5 Vielleicht Torturm,
6 Innenhof,
7 Kapelle und Rittersaal,
8 Palas/Wohngebäude,
9 Zisterne,
V Vorburg

von Neumarkt   Abstieg

24 Ruine Haderburg

Abenteuer an der Salurner Klause:
Salurn – Haderburg – Salurn

anspruchs
voll

2 km

1 Std.

↑ 190 m
↓ 190 m

Tourencharakter: Rundwanderung, die absolute Trittsicherheit erfordert; bei Nässe gefährlich rutschig.
Beste Jahreszeit: Ostern–Allerheiligen.
Ausgangsort: Salurn.
Wanderkarte: Mapgraphic 1:25 000, Blatt 13 (Unterland).
Markierungen: Keine.
Verkehrsanbindung: Staatsstraße 12 von Bozen 34 km. Bahnhof. Busverbindungen. Parken auf dem Josephsplatz (nach Piazza San Giuseppe fragen!).

Einkehr: In Salurn u. a. Pizzeria-Ristorante Lido. Hausmannskost in der Trattoria Klause.
Unterkunft: Gasthof Salurn★★, Tel. 04 71/88 42 72.
In Buchholz Pension Kastion★★, Tel. 04 71/88 90 83. Albergo Ristorante Grünwald★★★, Tel. 04 71/88 90 92.
Tourist-Info: Tourismusverein, I-39040 Salurn. Tel. 04 71/88 42 79, Fax 88 50 66.

Kühnstpostierte Festung Südtirols und Wacht an der Salurner Klause: Haderburg.

In gespenstischer Blässe, leblos, maskenhaft, verschwimmen die Mauern der Haderburg im Fels des dahinter aufragenden Geierberges – der 800 Jahre alten Wächterin der beiderseits von gigantischen Dolomitwänden flankierten Salurner Klause.

Der Wegverlauf

In → **Salurn** ab **Josephsplatz** südwestwärts in gut 5 Minuten durch die Kurzgasse und linkshaltend zum **Festplatz Haderburg** an der Staatsstraße 12.

Am Südrand der Gebäude, beim Kinderspielplatz (gelbe Rutsche) weist der Schutzzaun gegen Steinschlag einen Durchlass auf. Dort gehen wir in den Wald und kehrenreich steil hinauf auf schmalem Steig zur Sperrmauer der **Unteren Vorburg** (ca. 15 Minuten). Rechts ziehen unwegsame Spuren zu den hangseitigen, im 16. Jahrhundert errichteten **Bastionen**, die die Zugänge sichernd deckten.

Wir betreten die Untere Vorburg durch den neuzeitlichen Eingang links der ursprünglichen Torburg. Im Hintergrund des Hofes bzw. des Zwingers hilft die Eisenleiter, um zum ausgemauerten felsigen Sattel zwischen Burgkegel und Hangflanke (verfallene

Steinstufen) zu gelangen. Links gähnt eine natürliche Felskluft. Statt über die Zugbrücke wird sie heute auf einem Holzsteg überschritten. Danach ermöglichen drei Eisenklammern an einem mannshohen Absatz das Betreten der eigentlichen **Haderburg** (von Salurn 35 Minuten).

Vorbei an einem Rondell in den Burgvorhof und weiter an den viergeschossigen Bergfried. Er ist zur Angriffsseite hin schmaler als am Eingang. Daneben stand auf der höchsten Felsplatte ein kleiner, mit dem Turm verbundener Palas. Der dreigeschossige Hauptwohnbau befand sich am Rand der Abstürze in Richtung Salurn. Und irgendwo im Gemäuer zechte jener Rittersmann am Eichentisch aus großen Humpen mit den »Nörggelen«, den Zwergen, die zur Weinlese aus unterirdischen Verstecken krochen und den Bauern bei der Verarbeitung der Trauben auf die Finger schauten …

Ich weiß nicht, wie oft ich schon hier von der Vergangenheit träumte; indes ohne zu verdrängen, welch unmenschliche Fron all die Ungenannten beugte, die das Material qualvoll zur Spitze schleppen mussten!

Abstieg: Wir gehen zurück in den ausgemauerten Sattel und verlassen links (südöstlich) durch eine Nebenpforte den Burgbereich. Dann folgt man dem Hangpfad, der zwei Sandmuren traversiert (Vorsicht!). Hinter der zweiten Mure biegen wir erneut nach links ab, hinunter durch Laubwald und erreichen in 10 Minuten Weingärten. Rechts 100 m zum **Josephsplatz.**

Nordöstlich der Haderburg, auf der Terrasse von Buchholz, suchen Archäologen das durch die Franken um 580 zerstörte Langobardenkastell Fagitana.

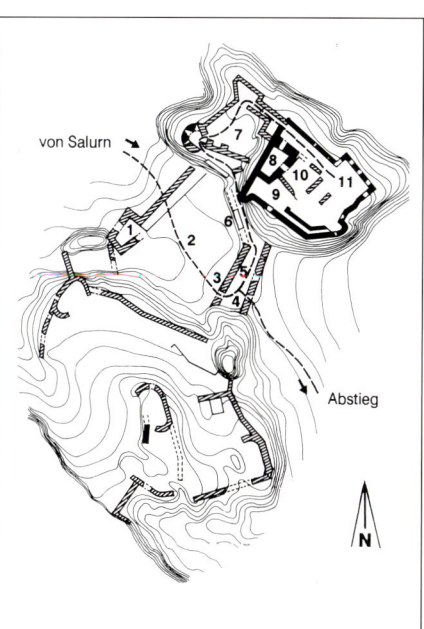

1 Torburg,
2 Vorburghof/Zwinger,
3 Eisenleiter,
4 Nebenpforte,
5 Sattel,
6 Ehemalige Zugbrücke,
7 Burgvorhof,
8 Bergfried,
9 Kleiner Palas,
10 Burghof (einst 6 m tiefe Zisterne),
11 Hauptpalas

25 Ruine Maienburg

Wie ein Adlerhorst in Völlan: Lana – Neu-Brandis – Ackpfeif – Völlan –
Maienburg – St. Georg – Brandiswaal – Lana

 mittel

 10 km

 3 Std.

 ↑ 550 m ↓ 540 m

 ja

Tourencharakter: Einfache Rundwanderung, wenig Schatten, anhaltende Steigungen. Beim Abstecher nach St. Hippolyt ist Trittsicherheit gefragt.
Beste Jahreszeit: Ostern–Allerheiligen.
Ausgangsort: Lana.
Wanderkarte: Mapgraphic 1:25 000, Blatt 5 (Deutschnonsberg – Lana – Tisens).
Markierungen: Hinweisschilder; rot-weiße Zeichen.
Verkehrsanbindung: Von Meran 9 km, von Bozen 24 km, Ausfahrten an der Schnellstraße (»MeBo«) beschildert. Busverbindungen u. a. mit Meran. Bahnhof 3 km außerhalb. Parkplätze um die Pfarrkirche Niederlana.
Einkehr: Unterwegs Jausenstation Alter Brandiser Weinkeller (ab 15 Uhr,

Dienstag geschlossen), Buschenschank Obererhof, Obertalmühle (ab 10 Uhr, Montag geschlossen). Völlan (u. a. Turmwirt Montag geschlossen). In Lana mehrere Gasthöfe, Pizzerien.
Unterkunft: Hotel Pöder★★★★, Tel. 04 76/56 12 58. Pension Katzenthaler Hof★★, Tel. 04 73/56 21 81. Gasthof Krone★, Tel. 04 73/56 13 51. Zwei Campingplätze, davon Arquin★★★, Mitte März-Mitte November, Tel. 04 73/56 14 69. In Völlan u. a. Camping Lido★★★, Tel. 04 73/56 81 38.
Tourist-Info: Tourismusverein, I-39011 Lana, Tel. 04 73/56 17 70, Fax 56 19 79. E-Mail: lana@meranerland.com, Internet: www.meranerland.com/lana

Seit rund 800 Jahren beherrscht die massige Maienburg den hübschen, sonnenverwöhnten, hoch über dem Etschtal am Nordrand des Tisenser Mittelgebirges liegenden Ferienort Völlan.

Der Wegverlauf

In → **Lana**, genau gesagt in **Niederlana**, gehen wir ab der Pfarrkirche auf dem **Brandis-Weg** südwärts. In der Flanke zeigt sich die Ruine der im 13. Jahrhundert erbauten Burg Brandis; im Jahr 1807 ist sie teilweise eingestürzt.

Nach 5 Minuten kommen wir am Neun-Loch-Golfplatz und am **Alten Brandiser Weinkeller** vorbei. Nach weiteren 5 Minuten steht links das 1807–1810 erbaute **Schloss Neu-Brandis**, es ist die Domäne des derzeitigen Chefs Dr. Clemens Graf Brandis der 1654 in den Grafenstand erhobenen Familie.

Anschließend begleiten uns Kreuzwegstationen. Im Mischwaldschatten vergeht fast 1/2 Stunde, ehe sich Talblicke ergeben. Hier sind die Hänge kultiviert. Obstanbau hat inzwischen den Wein verdrängt: 1557 rechnete man den »Ackpfeifer« zu den 13 besten Lagenweinen Südtirols.

An der Gabelung (V. Kreuzwegstation) gehen wir halb links. Die VI. Station ist zugleich der **Ackpfeifhof**, ein Anwesen des Streuweilers Ackpfeif »mit 13 Häusern und 68 Einwohnern«, bemerkte der Topograf Staffler 1846 und fügte hinzu, dass hier »der gemeine Fahrweg nach Tisens leitet«. Seine vormalige Trasse setzt sich geradeaus fort, während unsere Route (Nr. 5) rechts abzweigt. Vorbei am **Buschenschank Obererhof** zu der 1939 eröff-

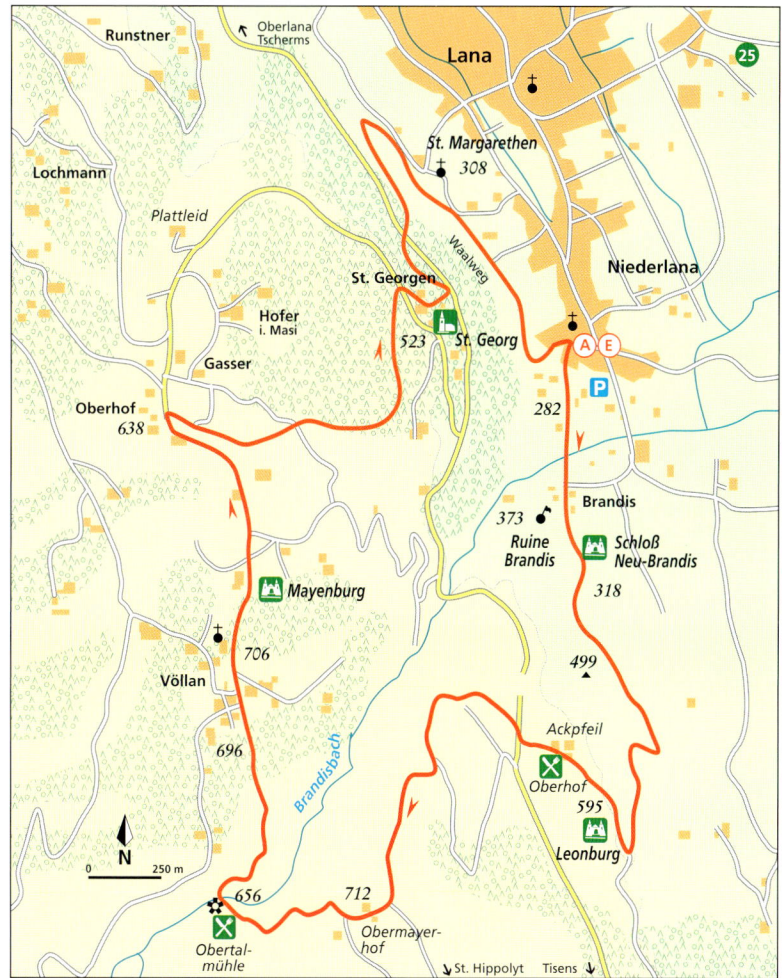

25

Gut erhaltener Bergfried der Maienburg.

Beim Aufstieg ergeben sich Blicke über die einstmaligen Etschsümpfe, deren Trockenlegung Maria Theresia 1768 einläutete; abgeschlossen erst 1896 durch die Etsch-Regulierung.

neten **Gampenjochstraße;** Bushaltestelle (von Niederlana 45 Minuten).

Die Straße kreuzen und weiterhin entsprechend Markierung 5 (Holztafel »St. Hippolyt«) weiter. Nach 100 m verlassen wir den Teerweg links und gehen vorbei am Bauernhof und dann auf breitem Querweg rechts. Auf der Höhe locken Maienburg und Völlaner Kirche. Wir sind noch immer in »Achfejfe«, so eine Urkunde von 1341. Manche der Höfe haben ihren Ursprung im 13. Jahrhundert. Vor Ackpfeif Nr. 3, dem 1991 erneuerten **Götzfriedhof**, rechts, dann hält man sich links und auf schmaler Spur unter Edelkastanien. Wir kreuzen den Querweg, und nach insgesamt knapp 1:15 Std. taucht links unverhofft die Kuppe von St. Hippolyt auf, die etwa 10 Minuten entfernt ist.

Bei den Wegweisern am Rand des »Sautalele« (Schweinetälchen) rechts, westwärts also in 5 Minuten zu einem Querweg; links befindet sich eine Lourdesgrotte. Geradeaus passieren wir den **Obermayerhof.** Am nächsten, im Jahr 1902 geweihten Bildstock (715 m), rechts. Abwärts – gut 5 Minuten – in den Tobel des Brandisbaches zur **Obertalmühle** (656 m), die noch immer Holz »schneidet« und außerdem eine einfallsreich »möblierte« Jausenstation ist.

Zwangsläufig kann die Gegensteigung nicht ausbleiben. Sie führt in 10 Minuten zum **Bauernmuseum**, dem ersten Haus von → **Völlan** (ab Lana 1:45 Std.).

Rechtshaltend durch den Ort. Imposant erscheint der 23 m hohe Bergfried der Maienburg. Unmittelbar vor dem **Turmwirt**, in dessen Substanz ein Burggrafenturm steckt, scharf rechts und hoch zur nahen Pforte (Eisentür mit »Mannsloch«) der **Maienburg.** Schöner Rastplatz mit Bänken an der Südseite des 11 m breiten Bergfrieds.

Abstieg: Vom Turmwirt aus der Straße noch etwa 10 Minuten folgen. Gegenüber einer kleinen Marienkapelle dann rechts in den **Feldweg** und an seiner Gabelung halblinks. Vor dem Eingang

25

zum Campingplatz rechts und durch die Mulde zwischen Apfel-
bäumen und Laubwald hindurch. Der Weg vom Turmwirt bis
zum **Kirchtalhof** dauert 25 Minuten. Und 5 Minuten später ist die
Völlaner Straße (Bushaltestelle) erreicht. Auf der Straße einige
Schritte rechts, dann spitzwinkelig links. Es folgt in herrlicher
Lage das einzeln stehende Kirchlein **St. Georg** (Fresken, Info-An-
schlag) am alten Gampenweg. Lana liegt uns zu Füßen.

Der gepflasterte Weg mündet in die **Gampenstraße**. Links etwa
50 m. Anschließend rechts abwärts zum quer verlaufenden,
3,8 km langen **Brandiswaal,** installiert 1835 unter Heinrich von
Brandis für die Bewässerung von 80 ha Land; 1955 verrohrt. Sein
Wasser bezieht er aus der Gaulschlucht am nördlichen Ortsrand
von Lana.

Auf dem **Waalweg** 15 Minuten eben dahin. Ungefähr in Höhe
der Kirche von Niederlana zweigt man links ab und geht hinunter zum Ausgangspunkt.

*Ansicht der
Maienburg
beim Eintref-
fen im hoch-
gelegenen Fe-
rienort Völ-
lan, dem Ziel
der Wande-
rung von
Lana.*

26 Schloss Lebenberg

Entlang dem Marlinger Waal: Lana – Marlinger Höhenweg – Heidenhof –
Lebenberg – Marlinger Waal – Leitenschänke – Lana

leicht

6 km

1 ³/₄ Std.

↑ 260 m
↓ 260 m

ja

Tourencharakter: Einfache, viel began-gene Rundwanderung; wenig Schatten.
Beste Jahreszeit: Ostern–Allerheiligen.
Ausgangsort: Lana, konkret Oberlana.
Wanderkarte: Mapgraphic 1:25 000, Blatt 5 (Deutschnonsberg – Lana -- Tisens).
Markierungen: Streckenweise rotweiße Zeichen. Wegweiser.
Verkehrsanbindung: Von Meran 9 km, von Bozen 24 km, Ausfahrten an der Schnellstraße (»MeBo«) beschildert. Busverbindungen, u. a. regelmäßig mit Meran. Bahnhof (3 km außerhalb). Parkplätze in Oberlana an der Tal-station der Vigiljoch-Seilbahn; Bus-Bahnhof.
Einkehr: Unterwegs Heidenhof, Leiten-schänke (Freitag geschlossen). Ansons-ten Gasthöfe in Lana, z. B. in Nieder-lana ab 15 Uhr, Alter Brandiser Wein-keller, auch Gartenbetrieb.
Unterkunft: Hotel Pöder★★★, Tel. 04 76/56 12 58. Pension Katzenthaler Hof★★, Tel. 04 73/56 21 81. Gasthof Krone★, Tel. 04 73/56 13 51. Camping Arquin★★★, Tel. 04 73/56 11 87.
Tourist-Info: Tourismusverein, I-39011 Lana. Tel. 04 73/56 17 70, Fax 56 19 79. E-Mail: lana@meranerland.com, Inter-net: www.meranerland.com/lana
Anmerkung: Schnellster Zugang (3 km) mit dem Auto in Tscherms durch Bas-linger Straße – Lebenberger Straße – Parkplatz. Letztes Stück schmale Straße; etwa 10 Parkplätze.

Aus den üppig bewachsenen Talflanken von Tscherms und des Marlinger Berges tritt am Rand eines Waldgürtels Schloss Leben-berg hervor. Weingärten umschmeicheln den Mauerring. Raum-greifend schweift das Auge im Etschtal vom spitzen Ifinger bis zum markanten Horn des Gantkofel, über ein Meer von Obst-bäumen.

Der Wegverlauf

Schloss Le-benberg kann besichtigt werden.

Von der Talstation der **Vigiljoch-Seilbahn** in → **Lana**, konkret in **Oberlana**, folgt man der Tafel »Waalweg Lana – Forst«. Nach 150 m geht es links in den Raffeinweg und steil bergan (der Waal-weg zweigt rechts ab) zu einem Marienbild-

stock und somit zum Beginn des **Marlinger Höhenweges**. In 20 Minuten erreichen wir das Aussichtspodest **Heidenhof** (545 m), des-sen Qualität als Jausenstation sich hinläng-lich herumgesprochen hat, u. a. wegen der delikaten Rot- und Weißweine aus eigenem Anbau und dem selbst produzierten Speck; Bewirtung ab 10 Uhr.

26

Tipp

Bei einer Begehung des gesamten Marlinger Höhenweges zur Töll und von dort auf dem Marlinger Waalweg zurück, verlängert sich die Tour um etwa 2:30 Std.

Lebenberg vor Augen, spaziert man auf dem Sträßchen etwa 500 m, dann rechts ab. Schloss **Lebenberg** besticht mit Bemerkenswertem, wie man ihm Rahmen der Führung erfährt; beispielsweise befinden sich im Innenhof zwei mittelalterliche Reise- bzw. Totentruhen, die von Rittern bei längerer Abwesenheit im Tross mitgezogen wurden, um im Sterbefall darin in die Heimat überführt zu werden.

Nach der Besichtigung schlendern wir wieder zurück auf das Sträßchen und steigen ab. Die Linksabzweigung (Marlinger Höhenweg), die man nach etwa 5 Minuten passiert, bleibt unbeachtet. Noch 200 m auf der Straße weiter, dann rechts in den **Marlinger Waalweg** einschwenken. Der Bau des 13 km langen **Marlinger Waales** – längster Südtirols – dauerte von 1737–1756. Die veranschlagten Kosten von 12 000 Gulden schnellten auf 100 000 Gulden. Der Bewässerungskanal für rund 300 ha Kulturgrund wird an der Töll gespeist und endete früher unterhalb von Lebenberg; das restliche Stück in den Raffeingraben zu Oberlana wurde später verwirklicht. Er dient heute noch seiner Aufgabe, allerdings ist er seit 1939 betoniert.

Leitenschänke heißt die nächste Einkehr. Dort dürfen wir die spitzwinkelige Rechtsabzweigung nicht verpassen, sonst »landet« man in Tscherms! Der Waalweg hingegen mündet im Raffeinweg, 10 Minuten vom Ausgangspunkt entfernt.

27 Landesfürstliches Schloss Meran

Inmitten von Meran: Passerpromenade – Kurpark – Pfarrkirche – Laubengasse – Landesfürstliches Schloss – Laubengasse – Theater – Passerpromenade

 leicht

 2 km

 40 Min.

↑ 10 m
↓ 10 m

 ja

Tourencharakter: Stadtspaziergang.
Beste Jahreszeit: Ostern–Allerheiligen.
Ausgangsort: Meran; Passerpromenade.
Wanderkarte: Stadtplan (nicht erforderlich).
Markierungen: Keine.
Verkehrsanbindung: Ausfahrt der Schnellstraße (»MeBo«) von Bozen (28 km). Vom Brenner 73 km, vom Reschenpass 79 km. Bahnhof. Busverbindungen. Gebührenpflichtig parken z. B. nordwestlich der Altstadt, außerhalb des Vinschgauer Tores; 5 Minuten vom Kurpark.
Einkehr: Z. B. typische Südtiroler Wirtshäuser in den Lauben: Restaurant Halsrainer (Lauber 100). Birreria Forsterbräu (Freiheitsstraße).

Unterkunft: Z. B. Hotel Palace & Schloss Maur★★★★★,
Tel. 04 73/27 10 00. Park Hotel Mignon★★★★, Tel. 04 73/23 03 53. Hotel Sonnenhof★★★, Leichtergasse 3, Tel. 04 73/23 34 18. Pension Villa Freiheim★★, Parinistraße 1, Tel. 04 73/23 73 42. Gasthof Rainer★★, Laubengasse, kein Parkplatz, Tel. 04 73/23 73 42. Camping Meran★★★, Piavestraße 44, Tel. 04 73/23 55 24.
Tourist-Info: Tourismusverein, I-39012 Meran. Tel. 04 73/23 52 23, Fax 23 55 24, E-Mail: info@meraninfo.it, Internet: www.meraninfo.it

Das am Fuß des Küchelberges hinter dem Rathaus versteckte zauberhafte Schlösschen hatte keinerlei Wehraufgaben zu erfüllen, sondern war Stadtresidenz und Logis der Landesfürsten, wenn sie in Südtirol weilten.

Der Wegverlauf

Den Auftakt in → **Meran** bildet die von südländischem Flair und

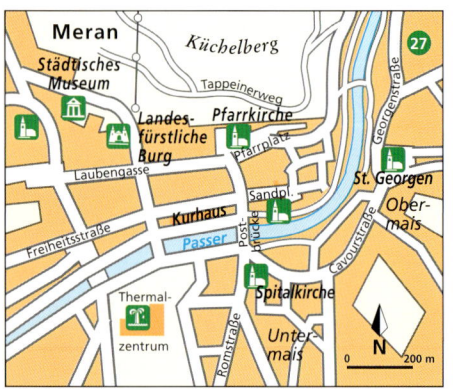

einem besonderen Charme geprägte **Passerpromenade** zwischen dem Jugendstil-Kurhaus und der aus dem Passeiertal eilenden Passer. Über diese führt am Ostrand der »Flaniermeile« die **Postbrücke**. Und in deren Verlängerung zur Altstadt hin passieren wir den **Sandplatz**, werden rechts neben dem Restaurant Sigmund von der Leonardo-da-Vinci-Straße empfangen, gehen weiter durch das

27

Bozener Tor (15. Jh.), um schließlich in die pittoreske Altstadt einzutauchen.

Den von hohen Laubbäumen bestandenen, in der Fläche unregelmäßigen **Pfarrplatz** beherrschen die Schaufassade des mächtigen Baukörpers und der 83 m hohe Turm der dreischiffigen **Kirche St. Nikolaus.** Ihr 1367 geweihter Chor zählt zu den reifsten Schöpfungen der Tiroler Hochgotik. Das 1896 neu gemalte Christophorusbild ist zehn Meter hoch.

Vom Pfarrplatz aus links in die **Laubengasse**, kurz »Lauben« genannt. Rechts befinden sich die Berglauben, links die Wasserlauben. Hausnummer 66 birgt im ersten Stock das **Frauenmuseum Evelyn Ortner** unter dem Motto »Die Frau im Wandel der Zeit«: Hier gibt es Ausstellungsstücke aus 200 Jahren.

An der Kreuzung beim Athesia-Buchgeschäft biegen wir rechts in die Galilei-Straße ein und entdecken kurz danach links das **Landesfürstliche Schloss**. Der kleine, zinnengekrönte Hof, in dem ein Feigenbaum steht, wird durch das »Mannsloch« am Tor betre-

Versteckt in der Stadtmitte von Meran, beim Rathaus: Landesfürstliches Schloss.

ten. Die Räumlichkeiten im Schloss sind beschildert, so dass die Orientierung leicht fällt. »Kaiserstube« und »Kaiserzimmer« erinnern wohl an den Aufenthalt Kaiser Friedrichs I., Enkel Maximilians, der 1564 vor der Pest aus Innsbruck floh, sowie an dessen Enkel, Kaiser Ferdinand II. (1578–1637), ebenfalls ein illustrer Gast, wie seine Gemahlin Philippine Welser, eine hübsche Augsburger Patriziertochter, und der gemeinsame Sohn, Markgraf Karl von Burgau. Der letzte landesfürstliche Bewohner war Maximilian III., Hochmeister des Deutschen Ritterordens, während des frühen 17. Jahrhunderts. Burgenfreunde werden im Ritterzimmer die vergilbte Landkarte Tirols von 1611 studieren, auf der sämtliche damaligen Burgen und Schlösser fixiert sind.

Weiterweg: Wenn man wieder an der Kreuzung ist, setzt man den Spaziergang rechts durch die **Laubengasse** fort. An ihrem Ende, vor dem Getreidemarkt, erfolgt ein Linksschwenk in den **Rennweg**. Dann kreuzen wir die **Freiheitsstraße** und biegen hinter dem Theater links in die **Passerpromenade** ein.

28 Schloss Schenna

Gedenken an Erzherzog Johann:
Schenna – Waalweg – St. Georgen – Schenna

 leicht

 6 km

⏱ 2 Std.

 ↑ 250 m ↓ 250 m

☺ ja

Tourencharakter: Unschwierige, aussichtsreiche Rundwanderung, streckenweise geteilt; wenig Schatten.
Beste Jahreszeit: Ostern–Allerheiligen.
Ausgangsort: Schenna.
Wanderkarte: Mapgraphic 1:25 000, Blatt 7 (Tschögglberg).
Markierungen: Wegweiser und rot-weiße Zeichen.
Verkehrsanbindung: Von Meran (nächster Bahnhof) 6 km. Von Bozen 30 km. Busverbindungen. Parken u. a. oberhalb (nördlich) des Schlosses, links der Straße.
Einkehr: Unterwegs Gasthaus Pichler (Freitag geschlossen). St. Georgen. In Schenna z. B. Restaurant Schennerhof, Restaurant Tannerhof, Mair Stub'n,

Schlosswirt, Eisdiele Da Mario, Pizzeria Petermann.
Unterkunft: Hotel Hohenwart★★★★, Tel. 04 73/94 56 29. Hotel Alpenrose★★★, Tel. 04 73/94 56 83. Gasthof Schön' Aussicht★★, Ortsteil Verdins, Tel. 04 73/94 94 12. Gasthof Pichler★, Tel. 04 73/94 56 14. Nächster Campingplatz: Meran★★★, Piavestraße 44, Tel. 04 73/23 12 49.
Tourist-Info: Tourismusverein, I-39017 Schenna, Tel. 04 73/94 56 69, Fax 94 55 81. E-Mail: info@schenna.com, Internet: www.schenna.com
Anmerkung: Vom erwähnten Parkplatz zu Fuß etwa 5 Minuten zum Schloss. Oder vom Tourismusbüro (Bushaltestelle) bergauf.

Der alte, ansehnliche Ortsteil von Schenna wird beherrscht vom Schloss.

Angenommen, der Name Schenna stamme vom Lateinischen »scena«, dann bedeutete dies »bühnenartiger Aufbau«, was der Lage von Kirche, Schloss und Dorf Schenna durchaus gerecht wird. Zumindest heißt es in der ersten urkundlichen Erwähnung 1149 »Scennon«.

Der Wegverlauf

Vor oder nach der Besichtigung von Schloss **Schenna,** sei im näheren Ortsbereich folgende Wanderung durch die Flanken der Sarntaler Alpen empfohlen.

In der Ortsmitte von → **Schenna**, gegenüber dem Hotel Rochushof, gehen wir auf der Straße bergan, nach 150 m halb links, in insgesamt 50 Minuten zum **Gasthaus Pichler** (827 m) im Oberdorf an der Talstation der **Taser-Seilbahn.** Kurz vor der Talstation schwenkt man scharf rechts in den **Waalweg** ein; diese Strecke ist der beliebteste Spaziergang im 65 km umfassenden Wegenetz der Gemeinde Schenna.

28

Der Bewässerungskanal »Schenner Waal«, auch »Verdinser Waal« und »Neuwaal« genannt, hat ab seiner Zapfstelle am Masulbach eine Länge von 7,7 km und wird urkundlich erstmals 1733 erwähnt. Heute profitieren 50 Bauern von diesem »Regenmacher«.

An der Rückseite des **Prünsterhofes** leitet der Waalweg in 15 Minuten zur **»Katzenleiter«**. Dabei handelt es sich um Steinstufen und Geländer hinunter zum Steg des Schnuggenbaches, den der Waal in hölzernen Kandeln überbrückt. Etwa 5 Minuten später das Asphaltsträßchen kreuzen, in 15 Minuten zum **Brunjaunhof**, von dem es nur mehr 10 Minuten zu der herrlichen Wiese oberhalb **St.**

Von Frühsommer bis Herbst gehört Schenna zu den überlaufendsten Urlaubs- und Ausflugsorten in Südtirol.

Georgen (716 m) sind.

»St. Jorgen«, einst Burgkapelle von Alt-Schenna, ist eine interessante Rundarchitektur des 13. Jahrhunderts. Künstlerisch hervorzuheben sind neben dem gotischen Flügelaltar die Fresken des 14. Jahrhunderts, an der Westseite u. a. die Nikolauslegende, an der Südseite die hl. Kummernus mit Bart, den ihr Gott wachsen ließ, um sie vor der Heirat mit einem heidnischen König bzw. vor den Nachstellungen lustvoll begieriger Männer zu bewahren ... Neben der Kirche steht der **Ulenturm** aus dem 12. Jahrhundert, damals Bergfried von Alt-Schenna.

Rückweg: Auf der St.-Georgen-Straße abwärts in 20 Minuten nach **Schenna**.

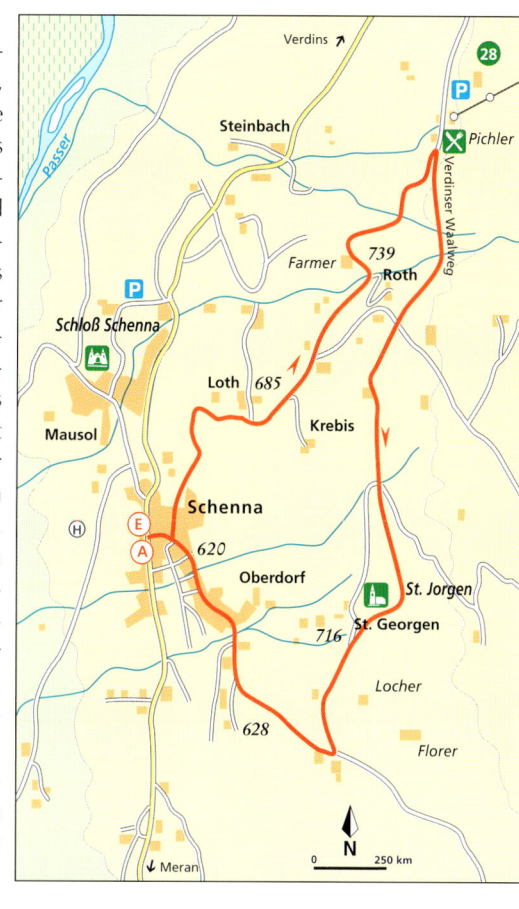

29

Schloss Tirol

Herzkammer des Landes:
Dorf Tirol – Schloss Tirol – St. Peter – Thurnstein – Dorf Tirol

○	leicht
🚶🚶 km	4,5 km
🕐	1 ¹/₂ Std.
↗	↑ 150 m ↓ 150 m
😊	ja

Tourencharakter: Wanderung auf asphaltierten Wegen durch eine vegetationsreiche Landschaft.
Beste Jahreszeit: Frühling–Spätherbst.
Ausgangsort: Dorf Tirol.
Wanderkarte: Kompass 1:25 000, Blatt 053 (Meran).
Markierungen: Hinweisschilder.
Verkehrsanbindung: Die Zufahrtsstraße (7,5 km) zweigt im Passeiertal ab, 2,5 km nördlich von Meran (nächster Bahnhof). Parkplätze u. a. im oberen Ortsteil rechts an der Hauptstraße vor dem Gasthaus-Restaurant Tiroler Adler. Busverbindungen. Von Meran zeitweise auch Sessellift. Zu Fuß ab Pfarrkirche über den Tiroler Steig 45 Min.
Einkehr: Unterwegs Wirtschaft Schloss Tirol, St. Peter, Thurnstein. Ansonsten in Dorf Tirol, z. B. Pizzeria-Restaurant Sparber (am Busparkplatz).
Unterkunft: Hotel Erika★★★★, Tel. 04 73/92 33 38. Hotel Mair am Ort★★★, Tel. 04 73/92 33 15. Gasthof zum Tiroler Adler★★, Tel. 04 73/92 34 91. Pension Birkenau★, Tel. 04 73/92 34 25. Schloss Auer, ins 12. Jahrhundert zurückreichend, Ferienwohnung, Tel. 04 73/92 36 25. Nächster Campingplatz: Meran★★★, Piavestraße 44, Tel. 04 73/23 12 49.
Tourist-Info: Tourismusverein, I-39019 Dorf Tirol. Tel. 04 73/92 33 14, Fax 92 30 12.
E-Mail: dorf-tirol@sudtirol.com,
Internet: www.sudtirol.com.dorf-tirol.it

Schloss Tirol, im Mittelalter das Zentrum der Macht in ganz Tirol.

Die Lage von Schloss Tirol über dem Meraner Kessel, vor alpinem Hintergrund über die Etschlande schauend, seine Mächtigkeit in Form und Ausstrahlung verdeutlichen die Sonderstellung der Regierungsburg. Sie hat den Namen eines ganzen Landes geprägt.

Der Wegverlauf

Von der Pfarrkirche in → **Dorf Tirol** aus verlassen wir nordwestlich den Ort auf einem aussichtsreichen Hangweg oberhalb der Brunnenburg (Museum). Am Schloss Tirol ist noch die Kalktünche jener fürstlichen Gemächer zu sehen, die abstürzten bzw. zwecks Erhaltungsmaßnahmen abgeschlagen wurden. Pultdächer schützen den gepressten Moränenschutt vor weiterer Erosion, weil das »Schloss auf einem reysenden perg steet unnd kain guten grundt hat«, beanstandete schon 1528 Landeshauptmann Leonhard von Völs.

Wir befinden uns auf dem alten Weg Richtung Algund – Vinschgau. Hinter dem 1682 von Bergknappen durch die Moränen getriebenen 83,5 m langen »Knappenloch« sieht man rechts oben die Erdpyramiden im Köschtngraben (Kastaniengraben). Bergan zum Schloss → **Tirol** (647 m); dessen jüngste Restaurierungen im Sommer 2000 abgeschlossen waren; von Dorf Tirol 20 Minuten.

Das Tor ist ein Neubau des 19. Jahrhunderts, erkennbar an den Miniaturzinnen: Hier finden wir willkürlichen romantischen Historismus, wie ihn das Bauwerk mehrfach ertragen musste. Erst die Restaurierungen während der sechziger Jahre des 20. Jahrhunderts stellten den Originalzustand einigermaßen wieder her.

Weiterweg: Bis nach St. Peter sollte man mindestens gehen! Zunächst von der Burg hinunter zur **Wirtschaft Schloss Tirol** und in den Burggraben. Nach der Brücke bleiben wir weiter auf dem Fahrweg (nicht halb rechts ansteigen: Schneeweißhof – Vellau 1 Std.) in 5 Minuten zur malerischen Häusergruppe → **St. Peter**, die sich um das gleichnamige Kirchlein angesiedelt hat.

Ungefähr 500 m weiter macht **Schloss Thurnstein** (560 m) seine Aufwartung, und zwar in historischer und gastronomischer Hinsicht. Es ist hervorgegangen aus dem 1296 erwähnten landesfürstlichen Lehen »turris Platzleid«, das nach 1479 zur Burg Thurnstein wurde.

Rückweg: Wie Hinweg.

Schloss Thurnstein keltert seit 2. September 1870 alljährlich den roten »Napoleonwein«, aus Freude über die damalige Gefangennahme des Kaisers Napoleon III.

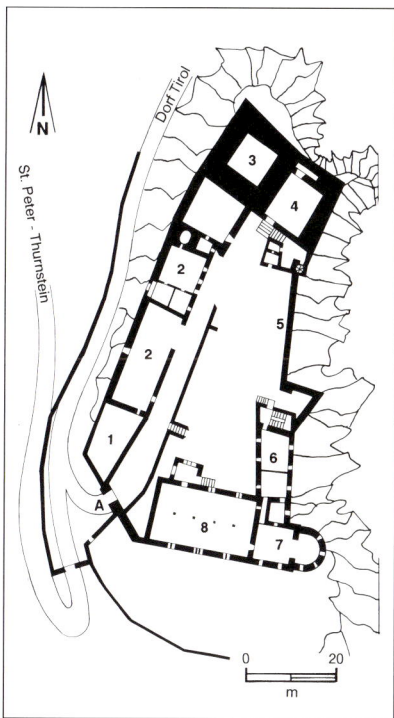

A Aufgang, 1 Kasse, 2 Wirtschaftsgebäude bzw. Museum, 3 Bergfried, 4 Mushaus/ Museum, 5 Wehrgang, 6 Ostpalas/ Museum, 7 Kapelle, 8 Südpalas

30 Schloss Juval

Reinhold Messners Wohnstatt:
Tschars – Tscharser Schnalswaal – Sonnenhof – Schloss Juval – Tschars

leicht

9 km

3 ¼ Std.

↑ 370 m
↓ 370 m

ja

Tourencharakter: Abwechslungsreiche Streckenwanderung am Vinschgauer Sonnenberg; streckenweise schattig.
Beste Jahreszeit: Frühling–Spätherbst.
Ausgangsort: Tschars.
Wanderkarte: Tabacco 1:25 000, Blatt 04 (Schnalstal).
Markierungen: Rotweiße Zeichen; Hinweisschilder.
Verkehrsanbindung: Vinschgauer Staatsstraße (SS 40), 22 km von Meran (nächster Bahnhof), 57 km vom Reschenpass. Parken vor dem Gasthaus Etzthalerhof an der Staatsstraße. Gegenüber Bushaltestelle.

Einkehr: Tschars. Unterwegs im Sonnenhof.
Unterkunft: In Tschars Hotel Sand★⌂ ★★★, etwas außerhalb, Tel. 04 73/62 41 30. Gasthof Winkler★★, Tel. 04 73/62 41 34. Pension Kreuz★, Tel. 04 73/62 41 07. Camping in Latsch★★★★, Tel. 04 73/62 32 17. In Naturns zwei Campingplätze.
Tourist-Info: Tourismusverein, I-39020 Kastelbell-Tschars, Tel. 04 73/62 41 93, Fax 62 45 59, E-Mail: kastelbell@suedtirol.com, Internet: www.kastelbell.suedtirol.com

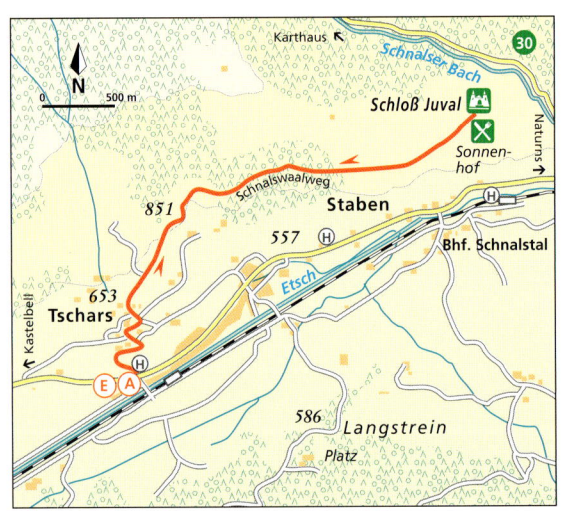

Hoch über der Mündung des Schnalstales, an einem Urweg aus dem Vinschgau und vom Tal kaum auszumachen, kauert Juval in kanzelartiger, luftiger Position.

Der Wegverlauf

Von der Staatsstraße ansteigen durch → **Tschars** zur **Pfarrkirche St. Martin**.
Links an der Kirche vorbei durch die **Großgasse**. Hinter dem Torbogen rechts in den Garlweg. Kurz danach, am Ende des Friedhofs, links auf dem unteren asphaltierten Weg (Markierung 1 a). Im Spätsommer sind am ausgedörrten Biotop-Hang des Sonnenbergs deutlich die langen schmalen Grünstreifen der Waale (Bewässerungskanäle) zu erkennen. Bald klingt das eintönig-scheppernde Läuten der Waalschelle ans Ohr. Ab der

Linkskurve in Höhe eines Hofes bleibt man nur mehr 20 m auf dem Asphalt, dann geht es halb rechts zum **Tscharser Schnaalswaal,** einem der längsten Waale in Südtirol. Er misst 11 km ab seiner Fassung beim Walchhof im Schnalstal und wurde 1517 nach dreizehnjähriger Bauzeit erstmals bewässert. Etwas tiefer fließt

der 1842 installierte, 5 Kilometer kürzere Stabener Schnalswaal.

Reinhold Messner ist seit zwei Jahrzehnten Besitzer von Schloss Juval.

Wir wandern rechts, entlang des Waales 5 Minuten zur **Waalschelle,** die eine der ganz wenigen noch funktionsfähigen ist. Sobald sich die weithin hörbaren Schläge im Rhythmus änderten, wusste der »Waaler« – damals wurde die autorisierte Aufsichtsperson so genannt – dass mit dem Wasserstand etwas nicht stimmt.

Eine Tafel kündet das Biotop »**Steppenstation Sonnberg**« an. Der Waal springt wasserfallartig in Holzkandeln über eine niedrige Hangstufe. Am Weg folgt ein **Marienbildstock.** Dann ein typischer Steppenstreifen. Anschließend gehen wir wieder im Laubwald mit verfilztem Buschwerk und gelangen zur prächtig am Hang gelegenen **Jausenstation Sonnenhof** (830 m); von Tschars 1:30 Std.

Oberhalb des Sonnenhof-Gartens an Steinmäuerchen entlang folgt man dem gepflasterten Urweg (Markierung 1). Unverhofft tritt die breite Südwestfront von **Juval** (Wanderung 30) ins Blickfeld.

Abstieg: Wie Aufstieg.

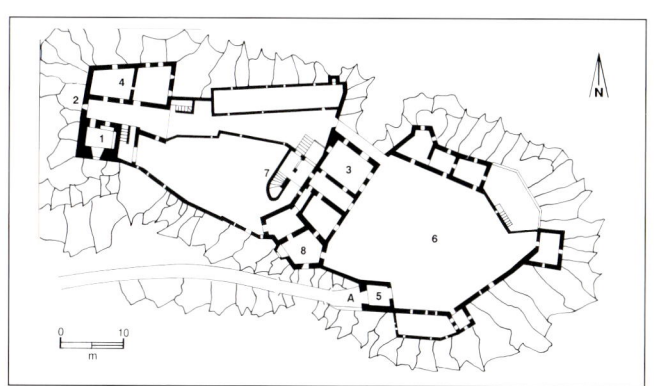

A Aufgang,
1 Bergfried,
2 Wehrmauer,
3 Palas,
4 Nordtrakt,
5 Torturm,
6 Vorburg,
7 Treppenhaus mit Kapelle,
8 Sinkmoserischer Palasbau

31 Schloss Kastelbell

Straßenfeste im Vinschgau:
Kastelbell – Schloss – Hochgalsaun – Kastelbell

leicht

4,5 km

1 1/2 Std.

↑ 180 m
↓ 180 m

ja

Tourencharakter: Unschwierige Rundwanderung; stellenweise Trittsicherheit ratsam. Kein Schatten.
Beste Jahreszeit: Frühling–Herbst.
Ausgangsort: Kastelbell.
Wanderkarte: Tabacco 1:25 000, Blatt 04 (Schnalstal).
Markierungen: Rotweiße Zeichen.
Verkehrsanbindung: Vinschgauer Staatsstraße (SS 40), von Meran (nächster Bahnhof) 25 km. Busverbindungen. Parken am ehemaligen Bahnhof am südlichen Etschufer.

Einkehr: Gasthöfe in Kastelbell, z. B. Restaurant Petersilie.
Unterkunft: Hotel Bauhof★★★, Tel. 04 73/62 41 45. Gasthof-Pension Gstirnerhof★★, Törggelkeller, Tel. 04 73/62 40 32. Pension Stiag'n Guat★, Tel. 04 73/62 40 07. Nächster Campingplatz in Latsch★★★, Tel. 04 73/62 32 17.
Tourist-Info: Tourismusverein I-39020 Kastelbell-Tschars. Tel. 04 73/62 41 93, Fax 62 45 9.
E-Mail: kastelbell@suedtirol.com, Internet: www.kastelbell.suedtirol.com

Das kursierende Gerücht, Kastelbell werde dem italienischen Staatspräsidenten als Feriendomizil dienen, blieb ein Gerücht.

Schloss Kastelbell vermittelt das eindrucksvollste Bild vom jenseitigen Etschufer aus, wenn man beim aufgelassenen Bahnhof steht: Von einem die Straße bedrängenden Felsstock ragt es in seiner vollen Breite von 70 m empor.

Der Wegverlauf

Vom ehemaligen Bahnhof (Zugverkehr 1990 eingestellt) in der Ortschaft **Kastelbell** spazieren wir zur nahen **Etschbrücke**. Auf der Durchgangsstraße kurz links, dann spitzwinkelig rechts und ansteigend unter der Nordseite von Schloss **Kastelbell**. Links trutzt die östliche, etwa 10 m tiefer als der alte Kern liegende Vorburg mit angebautem Rundturm aus der Zeit um 1500. Das dreigeschossige Nordrondell des frühen 17. Jahrhunderts hat einen

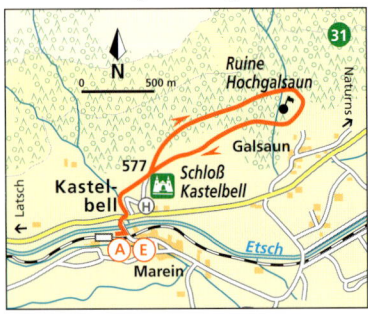

lichten Durchmesser von 6,5 m. Die Geschützscharten im unteren Teil sowie oben die Maulscharten – für Handfeuerwaffen – deckten das Vorfeld. Auf der Nordwestecke steht die »Pastey gegen den Vintschgau«, formulierte Bauherr Sigmund Hendl. Im Innenhof empfängt uns die Person, die die Besichtigungen führt.

Aufstieg: An der Nordseite des Schlosses

31

mit dem asphaltierten **Montalbaner Weg** steil bergan (Markierung 8), aber nur für gut 5 Minuten. Daraufhin gehen wir scharf rechts und an dem 1872/73 eingerichteten **Latschanderwaal** entlang. Er bewässert auf der 8 km langen Strecke zwischen Goldrain und Galsaun 37 ha. Ein Gatter passieren! Nach dem Bachsteg wieder

in üppigen Vegetationsstreifen am Waal entlang. An der Gabelung nimmt man links den mit »H« bezeichneten Weg, kreuzt 5 Minuten später die Trumsberger Straße und gelangt zu einer **Rastbank** mit Quellbrunnentrog. Schon vormittags lastet häufig flimmernde Hitze über dem Sonnenberg, wo im Juli/August die Bodentemperaturen manchmal 60–70 Grad erreichen.

Ab der Rastbank gehen wir nach links aufwärts. Zottelige Bergziegen suchen Nahrung in der ausgedörrten Flanke, die das Weglein in Serpentinen durchmisst, und wir steigen hoch zur Burgruine → **Hochgalsaun,** für deren Sicherheit in Friedenszeiten zwei Waffenknechte sorgten. Deutlich ist noch zu erkennen, wie sich die unregelmäßig aneinander gefügten Wohnbauten (und vermutlich der Bergfried) um einen schmalen Hof drängen. Ungefähr 65 m tiefer stand auf dem so genannten »Kirchknott« die Burgkapelle; vom Bahnhof 35 Minuten.

Rückblick am Beginn der Wanderung auf Schloss Kastelbell.

Abstieg / Rückweg: Aus dem Sattel vor der Burgkuppe in Kehren hinunter zu Wiesen vor dem gezähmten **Galsaunbach**. Hier biegen wir rechts in Weg Nummer 3 ein und laufen parallel zum **Latschanderwaal** in 15 Minuten zur bekannten Rastbank.

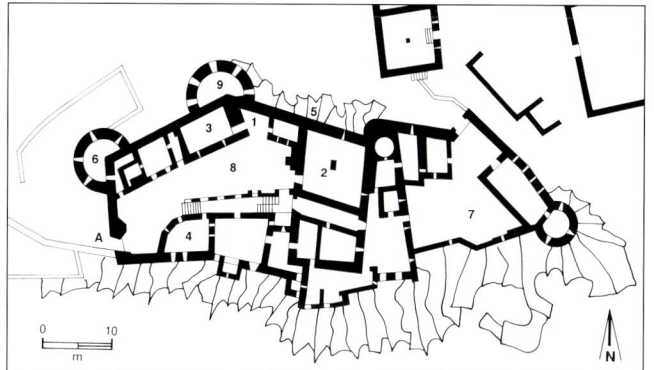

A Aufgang,
1 Reste des Bergfrieds?,
2 Palas,
3 Burgkapelle,
4 Küche,
5 Alte Wehrmauer,
6 »Pasteygegen den Vintschgaw«,
7 Östliche Vorburg mit Stallung,
8 Burghof,
9 Mittleres Rondell

32

Obermontani – Untermontani

Hüter des Martelltals:
Morter – Martelltal – Obermontani – Untermontani – Morter

leicht

3,5 km

1 Std.

↑ 150 m
↓ 150 m

ja

Tourencharakter: Einfache Rundwanderung, ins Martelltal asphaltiert. Abstieg von Obermontani stellenweise schmal; kein Schatten.
Beste Jahreszeit: Ostern–Allerheiligen.
Ausgangsort: Morter.
Wanderkarte: Freytag & Berndt 1:30 000, Blatt 12 (Naturns, Schnalstal, Latsch).
Markierungen: Hinweistafeln; rotweiße Zeichen.
Verkehrsanbindung: Die Zufahrten zweigen von der Vinschgauer Staatsstraße (SS 40) in Goldrain (Tafel »Martell« und Latsch ab. Busverbindungen.
Einkehr: Hotels in Morter, Café Stroblhof, Café Hanny. Im nahen Goldrain

(Ortsteil Schanzen) historische Gaststätte Obermoosburgkeller, Grillspezialitäten, einheimische Kost, 16-24 Uhr, Dienstag geschlossen.
Unterkunft: Hotel Krone★★★, Tel. 04 73/74 21 15.
Hotel Adler★★★, Tel. 04 73/74 20 38. Pension Martin★★, Tel.
04 73/74 20 49. Pension Daniel★, Tel. 04 73/74 20 51. Ferienwohnung Schlosshof zu Montani,
Tel. 04 73/74 23 44. Nächster Campingplatz in Goldrain: Cevedale★★★, Tel. 04 73/74 21 32.
Tourist-Info: Tourismusverein, I-39020 Morter, Tel. 04 73/74 20 76, Fax 62 20 42.

Vor mehr als 1000 Jahren war der Ausgang des Martelltales durch eine Geröllmoräne, die der einstige Gletscher am felsigen Stock gebildet hatte, praktisch verriegelt. Talein bildete sich ein See –

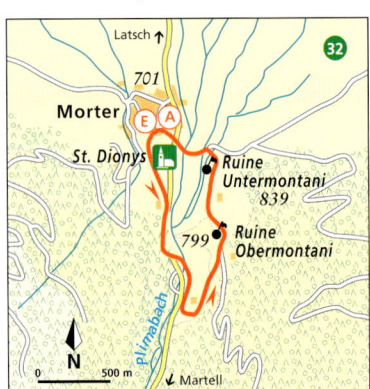

bis der natürliche Staudamm an der Westseite brach. Seitdem fließt der Plimabach ungehindert zur Etsch. Auf dem Moränenrücken entstanden zwei Burgen.

Der Wegverlauf

In → **Morter** laufen wir vom **Hotel Krone** (Bushaltestelle) aus auf der Nibelungenstraße zur spätgotischen **Pfarrkirche St. Dionys**. Beim Hotel Adler betreten wir die Umgehungsstraße. Am Sägewerk vorbei taleinwärts, zu Füßen des Felsriegels, auf dem die Stephanskapelle grüßt. Wir überschreiten den **Plimabach**, der 1987 eine Flutkatastrophe im und vor dem Tal verursachte. Anschließend noch etwa 200 m neben der Straße weiter, dann links (hölzerne Wegweiser) in den **Obermontaniweg**; von der »Krone« 15 Minuten.

Auf dem Teersträßchen gut 5 Minuten hinauf nach **Obermontani** an der Stelle einer frühgeschichtlichen Wallburg. Rechts, im Schlosshof bei der Familie Peer, bittet man um eine Führung in der reich freskierten Burgkapelle: u. a. spätgotischer zwölfteiliger Zyklus der Stephans-Legende, Abbildungen der Ursula-Legende, Jagdszenen mit St. Hubertus und Kompositionen des Jüngsten Gerichtes.

Vor dem Burgtor gehen wir nach rechts zur Nordostecke des Palas, dort auf dem Pfad abwärts; wir bleiben am Rücken, der sich bald verschmälert. Im Frühjahr blühen Küchenschellen. Nordöstlich treten Schloss Goldrain und oberhalb davon Schloss Annenberg ins Blickfeld.

In Obermontani dominiert der zweigeschossige Turm, ein ausgesprochener Wohnturm, also kein Bergfried nach klassischem Muster.

Burgenbautechnisch gesehen ein ganz besonderes Detail sind an **Untermontani** die Reste der Zugbrückenanlage, einer selten vorkommenden Wippbrücke über den Halsgraben. Die beiden ausgemauerten Öffnungen unter dem Eingang nahmen die für das Wippen erforderlichen Gegengewichte auf. Durch die Pforte in der Ostmauer gelangt man in den kleinen Burghof; rechts stand der Palas.

Rückweg: An Untermontani rechts herum und abwärts in die Obstgärten. Dort links auf einem bedachten Holzsteg über den Plimabach weiter. Dann gehen wir geradeaus, kreuzen die Umgehungsstraße und gelangen nach Morter, wo man sich beim hölzernen Brunnentrog links hält.

Wuchtig und von morbider Ausdruckskraft: Burgruine Obermontani.

33 Churburg

Krone der Südtiroler Burgen: Schluderns – Churburg – Vernalhof – Bergwaal –
Edelweißsteig – Churburg – Schluderns

mittel

7,5 km

2 1/2 Std.

↑ 350 m
↓ 350 m

ja

Tourencharakter: Unschwierige, auf längeren Abschnitten schattige Rundwanderung; stellenweise Trittsicherheit gefragt.
Beste Jahreszeit: Frühling–Herbst.
Ausgangsort: Schluderns.
Wanderkarte: Freytag & Berndt 1:50 000, Blatt 2 (Vinschgau, Südliche Ötztaler Alpen).
Markierungen: Hinweistafeln; rotweiße Zeichen.
Verkehrsanbindung: Vinschgauer Staatsstraße (SS 40); von Meran 35 km, vom Reschenpass 30 km. Busverbindungen. Beschilderte Parkplätze.
Einkehr: In Schluderns, u. a. Wenno's

Treff im Hotel Engel, Restaurant-Pizzeria Alte Mühle, Gasthaus Weißes Kreuz, Jausenstation Birkenhof (etwas außerhalb).
Unterkunft: Gasthof zum Weißen Rössl★★, Tel. 04 73/61 53 00. Hotel Engel★★, Tel. 04 73/61 52 78. Pension Ortlerblick★★, Tel. 04 73/61 55 54. Nächster Campingplatz in Tartsch: Zum Löwen★★★, Tel. 04 73/83 15 98.
Tourist-Info: Tourismusverein, I-39020 Schluderns, Tel. 04 73/61 52 58, Fax 61 54 44, E-Mail: schluderns@suedtirol.com, Internet: www.vinschgau.suedtirol.com

Die Schönste im Lande? Mag man sich noch so sehr vor diesbezüglichen Superlativen hüten, die Churburg am Sonnenhang des Vinschgaus ist einer der kostbarsten Edelsteine in der Südtiroler Burgenkrone.

Der Wegverlauf

Vom **Gasthof Weißes Rössl** in → **Schluderns** gehen wir gut 5 Mi-

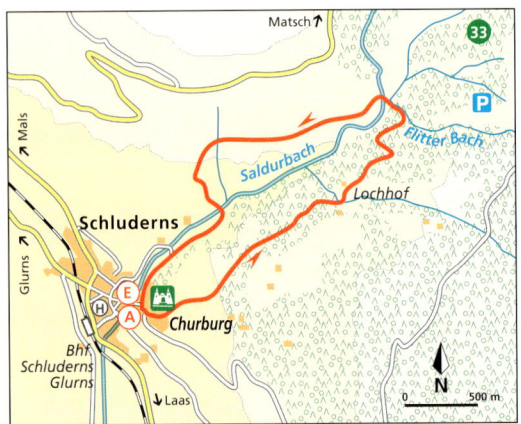

nuten aufwärts, vorbei am Schloss-Parkplatz zum Torturm der **Churburg.** Hinter dem Eingang prangt rechts das Wappen der Trapp, das einen Trappvogel aufweist. Das Tier war der Namensgeber der aus der Südsteiermark stammenden, 1605 in den Freiherren-, 1655 in den Grafenstand erhobenen Familie. Interessant ist die **Hebe-**

vorrichtung: Mit ihrer Hilfe wurden die schwer gepanzerten Ritter auf das Pferd gezogen.

Im Innenhof sind ausgemalte **Renaissanceloggien** (Stammbaum der Herren von Matsch und Trapp) zu bewundern, die Säulen bestehen aus Göflaner Marmor. Der Führungsrundgang erschließt einen Großteil der Räumlichkeiten, insbesondere die 1898 unter Gotthard Graf Trapp (gest. 1940) im ehemaligen Futterstall eingerichtete **Rüstkammer**. Der Autor genoss die Ehre, von Oswald Graf Trapp (1899–1988), dem Vater des heutigen Schlossbesitzers, in der ihm eigenen feinen, höflich-vornehmen Art über die stählerne Pracht belehrt zu werden. Graf Oswald schrieb seine Dissertation über die Churburger Rüstkammer.

Der an Fensterläden auffallende rote, dreifach gebrochene Balken in Form eines W ist Bestandteil des Trapp-Wappens.

Weiterweg: Außerhalb der Churburg entlang der 138 m langen, 11 m hohen Südostmauer durch die gepflasterte **Korbergass**. An der Ecke tritt der zweistöckige bemalte **Taubenturm** hervor. Wir vertrauen uns links Markierung 20 an und achten auf den hölzernen Wegweiser »Vernal«. An der Nordostecke rechts halten, aufwärts, der grasigen Spur folgen, wobei sich Gesamtansichten der Churburg ergeben. Wir kreuzen einen breiten Querweg schräg rechts und kommen links am Wasserbunker vorbei zu einem As-

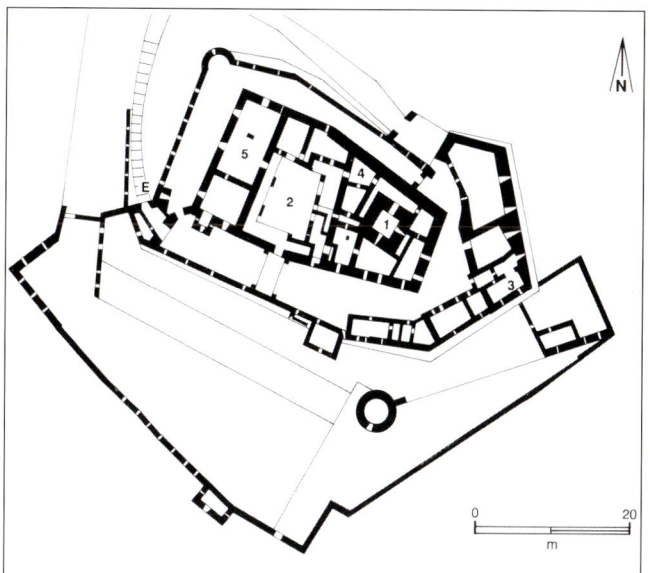

E Eingang,
1 Bergfried,
2 Arkadenhof,
3 Alte Kapelle,
4 Neue Kapelle,
5 Palas

phaltstück, dann noch einmal links und geradeaus durch buschwerkgesäumte Hohlwege. Westlich im Tal sieht man Glurns, nordwestlich wölbt sich der sagenumwobene Tartscher Bühel, im Süden das gleißende Eis des annähernd 4000 m hohen Ortlers.

Den **Vernalhof** rechts überqueren. Auf dem Waldweg bergan. Etwa 45 Minuten später, hinter dem **Lochhof** (ca. 1260 m), überschreiten wir den höchsten Punkt der Tour. Das Gefälle des Fahrweges leitet zum **Flitterbach**; Rast-

Im Mikrokosmos der Churburg, einem Vinschgauer Burgenjuwel.

platz vor der Holzbrück; von Schluderns 1:30 Std.

Jetzt schwenken wir links in den **Bergwaal** ein. Er ist hier zwar noch gut erhalten, führt aber kein Wasser mehr; ehemals waren es pro Sekunde 274 Liter. Zwischendurch sichern Geländer am Steilhang die genussvolle Promenade des **Waalweges.** Nach 15 Minuten überspringt der Waalkanal in einer Holzkandel den Seitenbach. Kurz danach wendet man sich nach rechts, in den vor einem Vierteljahrhundert trassierten **Edelweißsteig.** Mittels Kehren gelangt man in knapp 10 Minuten abwärts an das Ufer des **Saldurbaches.** Erneut findet man einen gemütlichen **Rastplatz** vor; Trinkwasser gibt es aus der Quelle.

Wir wechseln die Ufer, kehren jedoch schon wenig später auf die linke Seite zurück, um auf dem anregenden, im Fels verankerten **Klammweg** nach **Schluderns** zu gelangen.

Lichtenberg

Vinschgauer Prachtruine:
Glurns – St. Martin – Bergwaal – Lichtenberg – Glurns

34

Tourencharakter: Unschwierige Rundwanderung; längere schattige Abschnitte.
Beste Jahreszeit: Frühjahr–Herbst.
Ausgangsort: Glurns.
Wanderkarte: Freytag & Berndt 1:50 000, Blatt 2 (Vinschgau, Südliche Ötztaler Alpen).
Markierungen: Hinweistafeln; rotweiße Zeichen.
Verkehrsanbindung: Von Schluderns (Vinschgauer Staatsstraße) 3 km, von Prad 6,5 km. Busverbindungen. Parken am besten südlich außerhalb der Mauern bzw. vor dem »Kirchporten« bei der Pfarrkirche St. Pankraz.
Einkehr: Neben den bei »Unterkunft« genannten Betrieben u. a. Gasthof-Metzgerei Steinbock. Pizzeria Renate (auch Steaks, Nudel- und Fischgerichte). Stadtcafé in einem historischen Innenhof.

Unterkunft: Vom Autor bevorzugt in der Altstadt von Glurns: Hotel Post★★, einer der ältesten Gasthöfe Südtirols, seit rund 500 Jahren Besitz der Familie Karner, Tel. 04 73/83 12 08. Hotel Krone★★, Tel. 04 73/83 14 40. Gasthof Weisses Kreuz★, Tel. 04 73/83 14 55. Nächster Campingplatz in Tartsch: Zum Löwen★★★, Tel. 04 73/83 15 98.
Tourist-Info: Tourismusverein, I-39020 Glurns. Tel.★ Fax 04 73/83 10 97, E-Mail: glurns@suedtirol.com, Internet: www.glurns.suedtirol.com
Bemerkung: Von Lichtenberg zu Fuß gegenüber dem Friedhof bzw. unterhalb der spätgotischen Dreifaltigkeitskirche, entsprechend den Markierungen 9 und 15, am Alpbach entlang auf geteertem Sträßchen. Vor der zweiten Brücke geradeaus. Nach 50 m rechts zum Eingang der Ruine; insgesamt 15 Min.

 mittel

 11,5 km

 3 ½ Std.

 ↑ 200 m ↓ 200 m

☺ ja

Sofern man bei einer Burgruine überhaupt von prächtig sprechen darf, trifft dies uneingeschränkt auf Lichtenberg zu – »zwischen lichten Sandbergen und grün umbuschten Hügeln, die es amphitheaterähnlich umgeben«, malte bereits der Topograf Staffler.

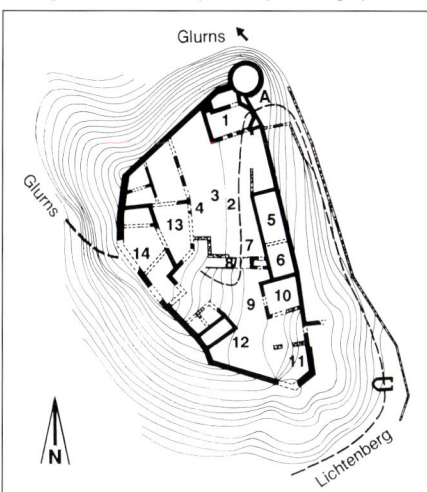

A Aufgang,
1 Kapelle,
2 Unterer Burghof,
3 Brüstungsmauer,
4 Garten,
5 Stallgebäude,
6 Hilprantsturm,
7 Tor,
8 Quertrakt,
9 Oberer Burghof,
10 Taubenturm,
11 Vermutlich Bergfried,
12 Gewölbter Hallenbau,
13 Palas,
14 Küche

Der Wegverlauf

Außerhalb der Altstadt von → **Glurns** geht es rechts vor-

34

bei an der Pfarrkirche St. Pankraz zur Autostraße. Links etwa 50 m, dann rechts (Wegweiser) auf geteertem Fahrweg zwischen Hecken ansteigen, die die Böden vor dem steten »Vinschger Wind« schützen. Nach insgesamt 20 Minuten auf dem Glurnser Murkegel wird der Fahrweg rechts verlassen, hin zum 1668 geweihten **Kirchlein St. Martin** (1077 m), wo damals ein Eremit lebte. Heutige Gestalt von 1872; an der Geiselsäule stand ein lebensgroßer Christus.

Zurück zum geteerten Fahrweg. Während Markierung 24 in 3:30 Std. auf das Glurnser Köpfl leitet, gehen wir links etwa 100 m abwärts, dann rechts über Stufen in den Wald. Etwa 5 Minuten später biegt man an der Gabelung links (20 m rechts die »Kanzel«). Nochmals 5 Minuten, und das Fachegg bleibt links liegen (keine

Aussicht). Es geht rechts hoch zum Querweg, dem man links bis zum Überlaufbecken des 6 km langen **Glurnser Bergwaales** folgt. Er wird vom Gutfallbach aus den Nordostflanken des Piz Chavalatsch gespeist. Sein Wasser versorgt bis Mitte August die Lichtenberger Höfe.

Ungefähr 30 Minuten am Kanal entlang, wobei wir zwei Querwege kreuzen. Dann geht es beim **Wasserbunker** links abwärts. Wenige Minuten später scharf nach rechts zu einer freien Geländeterrasse. Anschließend auf dem Fahrweg am **Porzleithof** vorbei. Er mündet im geteerten **Höfesträßchen**, das die Mulde des Pafilbaches traversiert. Ungefähr 1:45 Std. nach Glurns erreicht man den schmucken **Grösshof**.

34

Gleich hinter dem Grösshof links und Markierung 14 folgend, kommen wir in knapp 15 Minuten hinunter zum **Kreuz** (Rastbank) am alten Lichtenberger Kirchweg. Dort halb links zum Eingang der Burgruine **Lichtenberg** (von Glurns 2 Std.).

Das imposante **Eckrondell** ist 20 m hoch, viergeschossig und hat einen Durchmesser von 8 m; es entstand um 1520. Aus den Schießscharten konnte sowohl der Eingang als auch die nordwestseitige Mauer unter Feuer genommen werden. Die heraldischen Wandmalereien stellen das Wappen Kaiser Maximilians (oben Mitte), den österreichischen Bindenschild und den Tiroler Adler sowie die Wappenschilder der Eheleute Pankraz Khuen und Potenzia Firmian dar. Sie haben die Anlage 1513 erworben. Im oberen **Torgeschoss** befand sich die 1575 unter Johann Jakob

Am Endpunkt der Wanderung von Glurns wartet die Burgruine Lichtenberg.

Khuen, Erzbischof von Salzburg, geweihte Johanneskapelle mit Reliquien des hl. Leopold. Hinter dem Tor öffnet sich der lang gestreckte untere Burghof. Ein zweiter Toreingang in einem Quertrakt erlaubt den Zugang in den oberen Burghof. Links befindet sich der Stumpf des ehedem vierstöckigen Hilprantsturmes (Wohnturm, 14. Jh.); rechts

daran anschließend der Taubenturm. Laut dem Burgenforscher Weingartner fehlte ein Bergfried. Andere suchen ihn in der Südecke. Wir erkennen die Ruine einer Halle mit Kappengewölbe. Bestechend sind die hohen Mauern des aus zwei Gebäuden bestehenden Palas. Davor breitete sich ein Garten aus, möglicherweise in nachmittelalterlicher Epoche eine Art Lustgarten. Der östliche Palas barg im ersten Obergeschoss einen großen Saal. Seine Fenster (Seitenbänke) sind talwärts orientiert.

Rückweg: Von der ehemaligen Küche (Rauchabzug) im obersten westlichen Palas geht es auf der Rückseite der Ruine hinab zum **Grillplatz** und hinauf zum bekannten **Kreuz**. Dort nehmen wir den halb rechts in den Hangwald ziehenden Weg Nr. 9. Nach 15 Minuten taucht die Churburg auf, und knapp 30 Minuten später betritt man die geteerte **Höfestraße**. Rechts etwa 500 m, bis links der »Vita-Parcour« abzweigt, dem wir uns anvertrauen. Zunächst wandern wir auf freiem Gelände, danach im Wald zu einem **Marienbildstock** an der Straße, die uns nach **Glurns** bringt.

35 Reichenberg und Rotund

Vergessenes Münstertal:
Taufers – Reichenberg – Rotund – Turnaunawaal – Taufers

leicht

6,5 km

2 Std.

↑ 290 m
↓ 290 m

ja

Tourencharakter: Rundwanderung, kaum Schatten.
Beste Jahreszeit: Mai–Oktober.
Ausgangsort: Taufers/Münstertal.
Wanderkarte: Freytag & Berndt 1:50 000, Blatt 2 (Vinschgau, Südliche Ötztaler Alpen).
Markierungen: Wegweiser und rot-weiße Zeichen.
Verkehrsanbindung: Straße aus dem oberen Vinschgau ins Münstertal. Von Glurns 8 km, von Meran über Schluderns 60 km. Busverbindungen. Park-

plätze am Ortseingang sowie beim Gemeindehaus/Touristikbüro.
Einkehr: Hotel Lamm.
Unterkunft: In Taufers Hotel Lamm-★★★, Tel. 04 73/83 21 68. Weitere Hotels in Glurns (Tour 34). Nächster Campingplatz in Tartsch: Zum Löwen★★★, Tel. 04 73/83 15 98.
Tourist-Info: Tourismusverein, I-39020 Taufers/Münstertal, Tel. 04 73/83 21 68, Fax 83 23 53, E-Mail: vinschgau@suedtirol.com, Internet: www.vinschgau.suedtirol.com

Touristen, die durch das Münstertal fahren, streben meist unumwunden der Schweizer Grenze entgegen und nehmen keine Notiz von den ungewöhnlichen kunsthistorischen Feinheiten des Dorfes Taufers, das sich über Tal und Höhe erstreckt.

Der Wegverlauf

Vom **Gemeindehaus** bzw. Hotel Lamm in → **Taufers / Münstertal** gehen wir auf der Durchgangsstraße 100 m talauswärts. Beim **Kreuz** (Waschbrunnentrog) links weiter und vor der gotischen, barock ausgestatteten **Pfarrkirche St. Blasius** halb rechts auf dem unteren Weg (Nr. 8). Nach insgesamt 10 Minuten gelangt man an eine Gabelung, hier zweigt man vor der Rastbank links ab. Mit Kehren gewinnen wir am lärchenbesetzten Rücken an Höhe und erreichen in 10 Minuten die Route **Reichenberg** (1325 m). An der Nordwestseite des Bergfrieds erkennt man den Aborterker, das »haymlich Gemach«; von Taufers 25 Minuten.

35

Der Weg führt uns kurz abwärts in die offenbar natürliche Hangmulde, aus der der Gegenanstieg erfolgt; den rotweißen Farbtupfen entsprechend an einem Brunnentrog vorbei, dann links über den **Tellebach** oberhalb des Baustadelhofes. Dann quert man erneut den Bach und gelangt auf breitem Hangweg zum **Schlosshof** (1512 m).

Die Burgruine **Rotund** wird geprägt von dem Geschützrondell (lichte Weite 12 m) und dem Bergfried mit 2,5 m starken Mauern. Den künstlichen Halsgraben überspannte eine Zugbrücke. Der Turmeingang auf der Südseite über dem Hof war nur über eine von oben einziehbare Konstruktionen erreichbar, eine Leiter oder ähnliches – seit dem 16. Jahrhundert über steinerne Stufen, die inzwischen verfallen sind. Von den bis zu fünfgeschossigen Wohngebäuden sowie der 1315 geweihten Kapelle blieben lediglich Mauerfragmente erhalten. Die letzte Restaurierung der Anlage wurde 1990/91 durch das Landesamt vorgenommen: Kostenaufwand 70 000 Mark.

Burgruinen Reichenberg (unten) und Rotund im grenznahen Münstertal

Weiterweg: Rechts neben dem Schlosshof noch kurz bergan, an der Wegeteilung geradeaus auf dem **Eselweg** (links Markierung 6 zum Tellakopf 2:30 Std., Arundakopf 4:30 Std.). Eselwege nannte man die Pfade, über die auf Eseln das Wasser zu einer Burg gebracht wurde, sofern sie keine Zisterne besaß oder dieselbe leer war.

Die zwischen den Lärchen des **Tellawaldes** verlaufende genussvolle Trasse endet nach 25 Minuten. Nun abwärts auf breitem Fahrweg in langen Schleifen. Gut 10 Minuten später halten wir uns an der Gabelung rechts (Markierung 8) und bleiben noch 5 Minuten auf dem Weg. Dann zweigt rechts ein Pfad ab, der entlang des ehemaligen **Turnaunawaales** reizvoll durch Hänge verläuft, die Ähnlichkeit haben mit dem verstepppten Vinschgauer Sonnenberg. Nach 15 Minuten trifft man wieder bei der Rastbank ein, an der wir unseren Aufstieg begonnen haben.

Man hat oberhalb von Rotund südöstlich einen guten Ausblick zum Piz Chavalatsch, von dem links ein Kammrücken zum markanten Glurnser Köpfl verläuft.

ADAC
Internet: www.adac.de

ALPENVEREIN SÜDTIROL
Bergsteigerverein hauptsächlich der deutschsprachigen Südtiroler, gegliedert in Sektionen. Z. B. Sektion Meran, Galileo-Galilei-Straße 45, I-39012 Meran, Tel. 04 73/23 71 34.

ALPINE AUSKUNFT
Für Wanderer, Bergsteiger, Skitourengeher bei Südtirol Marketing (→ **Auskunft**), Tel. 04 71/41 38 09, Fax 41 38 89.

ALPINSCHULEN
Allgemeine Informationen: Verband Südtiroler Berg- und Skiführer, Weintraubengasse 9, I-39100 Bozen, Tel. + Fax 04 71/97 63 57, E-Mail: b.f.v.@pronet.it

ANREISE
Üblicherweise von Innsbruck über den Brennerpass (Autobahn), von Landeck oder aus der Schweiz über den Reschenpass. Aus Osttirol ab Lienz ins Pustertal

Eisack-Wild-
wasser
oder aus dem Defereggental über den Staller Sattel ins Antholzer Tal-Pustertal. Bahnstrecke Brenner – Bozen; von München nach Bozen etwa 4 Std., von Wien Fahrzeit 7 Std., von Zürich 6 Std.
Von Ende März bis Anfang November verkehrt jeden Samstag der Bus-Ferienexpress München – Meran – München. Auskunft und Buchung Kurverwaltung Meran, Freiheitsstraße 45, I-39012 Meran, Tel 04 73/23 52 23, E-Mail: info@maraninfo.it, Internet: www.meraninfo.it
Tyrolean Airways fliegt täglich einmal von und nach Frankfurt, Wien, Linz, Rom. Auskünfte in Bozen unter Tel. 04 71/25 40 70.
→ **Flughafen**.

AUSKUNFT
Südtirol Marketing, Pfarrplatz 11, I-39100 Bozen, Tel. 04 71/41 38 08, Fax 41 38 89, E-Mail: info@hallo.com, Internet: www.hallo.com
In Deutschland Allgemeininfos über Internet: www.adac.de

AUTOBAHN

Mautpflichtig, 100 km ca. DM 10.-. Bargeldlose Bezahlung mit VIA-Card (beim ADAC erhältlich für 50 000, 100 000 Lire). Auch gängige Kreditkarten. Brenner – Bozen-Süd 8500 Lire (2000).

AVS → ALPENVEREIN SÜDTIROL

BAHN

Auskünfte Tel. 04 72/45 89 93.
Autoreisezug: Auskünfte unter Tel. 04 71/97 20 72.

BANKEN

Günstigerer Wechselkurs als in Wechselstuben etc. Geöffnet allgemein Mo–Fr 8–13 Uhr, in Touristenstätten teils auch 14.45–16.30 Uhr.
Mit EC-Karte und Geheimzahl sind auch an Geldautomaten (Bancomat) Barabhebungen bis 300 000 Lire möglich.

BENZIN

Ungefähr so teuer wie in Deutschland.
→ **Tankstellen**.

BERGRETTUNG

Italienisch »Soccorso Alpino«; Meldestellen in allen Schutzhütten und bei Carabinieriposten.
→ **Notruf**

BRAUCHTUM

Allgemeine Festlichkeiten z. B. Palmweihe (Palmsonntag), Prozessionen zu Fronleichnam, Christi Himmelfahrt, Erntedank.
Herz-Jesu-Fest (Ende Juni/Anfang Juli) in ganz Südtirol, zurückgehend auf ein Gelübde der Tiroler Landstände an das Herz Jesu, als 1796 napoleonische Truppen Tirol zu überrollen drohten. Prozession mit Musikkapellen und Schützenkompanien und Gläubigen bekräftigen alljährlich das Versprechen. Am Abend des Herz-Jesu-Sonntags werden Bergfeuer entfacht.
Weitere kleine Auswahl:

Eppan: Internationaler Burgenritt in der 2. Juniwoche.
Glurns: An Allerseelen der »Seala-morkt«; überaus stark frequentierter Vieh- und Krämermarkt.
Ehrenburg: Kirchtagsfest Anfang Juni.

Kaltern: Marktfest Ende Juli.

Kiens: Florianiprozession Anfang Mai.

Meran: Am Ostermontag im Untermaiser Pferderennplatz Bauerngalopp mit Haflingerpferden, geritten von Mädchen und Burschen in der Tracht ihres Heimatortes. Vorher Umzug. Meraner Advent ab Ende November.

Salurn: Torbogenfest an Pfingsten.

Sarnthein: 1. Septemberwochenende drei Tage dauernder »Sarner Kirchtig«. Abschluss ist am Montag der Krämer- und Viehmarkt.

Schenna: Schennermarkt, 2. Augusthälfte.

Seis/Völs: Anfang Juni Oswald-von-Wolkenstein-Ritt ab der Trostburg (Wanderung 10) nach Schloss Prösels (Wanderung 13). Turnierspiele an verschiedenen Standorten.

Stegen/Bruneck: Ende Oktober Stegener Markt, größter Markt Tirols.

Taufers: 1. Fastensonntag heidnischer Brauch des Scheibenschlagens.

Tramin: »Herstag« Anfang Oktober, Törggelen, Folklore.

BUSSE

Insgesamt gute Verbindungen an Werktagen; an Sonn- und Feiertagen kaum Verbindungen.

Tickets u. a. vielfach in Bar, → **Tabacchi** oder Gasthof bei der Haltestelle.

Günstig ist die Wochenkarte; erhältlich u. a. in den Tourismusbüros.

BUSSGELDER

Z. B. Parkverstöße mindestens 50 000 Lire; »rote Ampel« bis zu 470 000 Lire.

CAI → CLUB ALPINO ITALIANO

CAMPING

Plätze geöffnet mindestens von Ostern bis Allerheiligen. Italienische Klassifikation (wie in diesem Buch) durch 1 bis 5 Sterne (★★★★★); letzteres entspricht der ersten Kategorie.

Kostenloser Camping-Führer über → **Auskunft** erhältlich.

Infos: Verein der Campingplatzbetreiber Südtirols, Moritzinger Str. 83, I-39100 Bozen, Tel. 04 71/91 84 92. Internet: www.moosbauer.com

CLUB ALPINO ITALIANO

Gewissermaßen »Alpenverein« vornehmlich der italienischen Südtiroler, gegliedert in Sektionen. Z. B. Sezione Bolzano, Piazza delle Erbe 46, I-39100 Bozen, Tel. 04 71/97 81 72.

EINKAUFEN

Ein für Südtirol typischer kunsthandwerklicher Artikel ist **Keramik**, z. B. die der Bozener Traditionsfirma Thun, von der u. a. die berühmten und beliebten »Bozener Engel« stammen. Thun-Shop, Galvani Straße 29, Bozen.

Auch die **Holzschnitzerei** spielt im Andenken-Geschäft eine Rolle, allerdings überwiegend in Form maschineller Produktion von Dutzend- oder Hundertware, das heißt, der Schnitzmaschine wird eine Modellform gegeben, nach der sie die gewünschte Zahl der Skulpturen »schnitzt«, die dann nur mehr Feinarbeit und eventuell Fassen benötigen. Handschnitzereien, erkenntlich an einer besonderen Plombe der Handwerkskammer, sind kaum bezahlbar!

EUROSCHECKS

Nahezu deckende Akzeptanz; bis 300 000 Lire pro Scheck.

FAHRRADVERLEIH

In fast allen größeren Orten; Auskunft bei den Tourismusbüros. In Bozen kostenlos in der Bahnhofsallee und am Grieser Platz.

FEIERTAGE

1. Januar (Neujahr).
6. Januar (Hl. Drei Könige).
25. April (Tag der Befreiung vom Faschismus).
1. Mai (Tag der Arbeit).
2. Juni (Proklamation der Republik; Feier am darauf folgenden Samstag).
15. August (Mariä Himmelfahrt).

1. November (Allerheiligen).
4. November (Tag der Nationalen Einheit, Feier am darauf folgenden Samstag).
8. Dezember (Mariä Empfängnis).
25./26. Dezember (Weihnachten).
Fronleichnam: Feier am Sonntag nach dem Donnerstag.

FLUGHAFEN

Bozen: Tel. 04 71/25 40 70.
→ **Anreise**

GELDWECHSEL

Viele Banken haben Wechselautomaten mit 24-Stunden-Umtausch ausländischer Währung in Lire; in Bozen u. a. Sparkasse Walterplatz 26, Bahnhof.
Für den Geldtausch ist infolge geringerer Provisionen (0–3,6 %) Italien vorzuziehen. Die jeweiligen Filialen der Nationalbank

(Banco nazionale) tauschen gebührenfrei! Internet-Infos über das Europäische Verbraucherzentrum Kiel unter www.evz.de

GESCHWINDIGKEITEN

Autobahn, wenn nicht anders vorgeschrieben, 130 km/h. Schnellstraße 110 km/h. Außerhalb geschlossener Ortschaften 90 km/h. **Wohnmobile** über 3,5 t: Autobahn 100 km/h, ansonsten außerhalb von Ortschaften 80 km/h. Pkw mit Anhänger: Autobahn 80 km/h, Schnellstraße und außerhalb von Ortschaften 70 km/h.

Bei **Zuwiderhandlungen** von mehr als 10 km/h mindestens 235 000 Lire, mehr als 40 km/h mindestens 590 000 Lire und möglicherweise Führerscheinentzug.

HOTELS

Südtirol verfügte im Mai 1999 über 4530 Gastbetriebe mit 145 196 Betten. Mehrheitlich sind es Familienbetriebe. Sie werden je nach Ausstattung und Serviceleistung laut internationalen Regeln nach ★ klassifiziert: ★★★★★ ist die höchste Kategorie.

KONSULAT

Deutschland

Mailand; Tel. 02/6 55 44 34. Informationen über Handelskammer Bozen, Perathonerstraße 10, Tel. 04 71/94 56 17, 94 55 11.

Österreich

Mailand, Tel. 02/4 81 20 66. Information in Bozen: Merkantilgebäude, Silbergasse 6, Tel. 04 71/97 03 94.

KRANKENSCHEIN

Auslandskrankenscheine sind gültig, werden jedoch von Ärzten und Dentisten abgelehnt: Barzahlung. Am besten Auslands-Reisekrankenversicherung abschließen.

KREDITKARTEN

Vornehmlich Euro-Card, Visa, Master-Card in Banken, vielen Hotels, Restaurants, größeren Tankstellen, Geschäften, Autobahn-Raststätten.

MOBILTELEFON

Mobiltelefone sind gestattet, beispielsweise im weitestverbreiteten D1- und D2-Netz (GSM-900-Standard). Bezüglich CB-Funkgeräten beim ADAC rückfragen. Die weniger verbreiteten E-plus und Viag Interkom bieten so genannte Dual-Band-Geräte an, mit denen man im Ausland wahlweise mit E- und D-Netz telefonieren kann.

Vor der Reise prüfen, ob das Handy für das »International Roamming« freigeschaltet wurde. Bezüglich der Gebühren unterrichten Ihr Provider oder das Internet (z. B. www.d2.mannesmann. de). Wissen Sie: Für jeden Anruf aus der Heimat wird dem Telefonbesitzer eine Gebühr von 1,09 bis 1,30 DM pro Minute berechnet. Der Anrufer bezahlt den Tarif eines Inlandsgespräches.
→ **Telefon**.
Telefonieren während des Autofahrens ist verboten!

MÄRKTE

Wochenmärkte in der Regel vormittags, z. B.

Obstmarkt

Montag: Brixen, St. Pauls/Eppan, Kastelbell, Kurtinig, Schnals.
Dienstag: Dorf Tirol, St. Michael /Eppan, Neumarkt, Prad, Prettau, Sarnthein, Sterzing, Welsberg.
Mittwoch: Auer, Bruneck, Salurn, St. Christina/Gröden, Deutschnofen, Kaltern, Klobenstein, Lengstein, Mals.
Donnerstag: Branzoll, Girlan, Kastelruth, Kurtatsch, Leifers, Mühlbach, Sand in Taufers, Schlanders, Seis, Wolkenstein.
Freitag: Lana, Latsch, Kastelruth (Bauernmarkt), Margreid, Meran, Olang, St. Ulrich/Gröden.
Samstag: Bozen, Mölten, Naturns, Völs.

MUSEEN

Außer den bei der jeweiligen Tour erwähnten Museen sind noch folgende in Südtirol nennenswert:

Aldein: Dorfmuseum.
Bruneck: Stadtmuseum für Grafik.
Deutschnofen: Museum für profane und sakrale einheimische Kunst, im Rathaus (vormals Schloss Thurn).
Dietenheim/Bruneck: Südtiroler Volkskunde-Freilichtmuseum.
Dorf Tirol: In der Brunnenburg (zu

Fuß 10 Min.) Landwirtschaftsmuseum und Ezra-Pound-Gedächtnisstätte.
Gossensaß: Ibsenmuseum, im Rathaus.
Innichen: Museum des Stiftes Innichen, im Kapitelhaus neben der Stiftskirche.
Kaltern: Südtiroler Weinmuseum.

Karthaus/Schnals: Ausstellungen (u. a. archäologische Funde) im Kulturhaus.

Kurtatsch: Bauernmuseum (Hof am Orth).

Leifers: Schiffsmuseum (Fabio-Filzi-Straße 7). Von Luis Clementi gebaute schwimmfähige Modelle von Schiffen des 20. Jahrhunderts, die auf tragische Weise gesunken sind.

Mölten: Geologisches Museum.

Naturns: Im Rathaus Ausstellung der Funde von St. Prokulus.

Oberbozen: Imkereimuseum »Plattner Bienenhof«, Fraktion Wolfsgruben. Schauraum Rittner Bahn, im Bahnhofsgebäude Oberbozen.

Oberradein: Geologisches Museum.

Latsch: In den Gewölben des historischen Spitales: Dauerausstellung Sakrale Kunst. Überdies der 1992 gefundene, etwa 5200 Jahr alte Menhir. In Verbindung mit dem Museum wird die gotische Spitalkirche zum Hl. Geist (Flügelaltar von Jörg Lederer, 1524) dem Besucher geöffnet.

Niederdorf: Fremdenverkehrsmuseum Hochpustertal.

Partschins: Peter-Mitterhofer-Schreibmaschinen-Museum. Mitterhofer war Erfinder der Schreibmaschine. Führungen nach Voranmeldung, Tel. 04 73/96 75 81.

Prettau: Landesbergbaumuseum Ahrntal; Grubenbahn, Lehrpfad zu den Erzstollen.

Ridnaun: Bergbaumuseum bei Maiern, dem hintersten Talort.

St. Leonhard/Passeier: Andreas-Hofer-Gedenkraum neben seinem Geburtshaus, dem »Sandwirt« (1,5 km südlich von St. Leonhard an der Talstraße).

St. Martin/Passeier: Heimatmuseum, im Tiefparterre der Raiffeisenkasse.

St. Martin/Thurn: Ladinisches Kulturinstitut.

St. Ulrich: Grödner Heimatmuseum »C(sa di Ladins«.

Sexten: Rudolf-Stolz-Museum; mehr als 160 Werke des Malers (1874–1960).

St. Nikolaus/Ulten: Ultener Talmuseum.

Steinegg/Karneid: Heimatmuseum, im Tiefparterre der Pfarrkirche.

Teis/Villnöss: Mineralienmuseum.

Tramin: Dorfmuseum.

NATIONALPARK

Nationalpark Stilfserjoch, gegründet 1974, schließt Teile des Vinschgaus, des Valtellina, Valcamonica und Val di Sole ein.

NATURPARKE

Naturpark Schlern. Naturpark Texelgruppe. Naturpark Trudner Horn. Naturpark Puez-Geisler. Naturpark Rieserfernergruppe. Naturpark Fanes-Sennes-Prags. Naturpark Sextener Dolomiten. Geplant: Naturpark Sarntaler Alpen.

NOTRUF

Tel. 118 für Notarzt, Flugrettung, Bergrettung, 24 Std.

Tel. 115 für Polizei, kostenlos 24 Std.

DRK-Flugdienst Bonn: Tel. 00 49/2 28/23 00 23.

ADAC-Betreuung ganzjährig über deutschsprachige Notrufstation: 02/66 15 91.

ÖFFNUNGSZEITEN

Allgemein Mo–Fr 8.30/9–12/13 Uhr, 15–19 Uhr; Sa 8.30/9–12/13 Uhr. Fakultativ ganztägig jeden 1. Samstag im Monat und an den Sonntagen vor und nach Ostern.

PANNE

Tel. 116 in Ortschaften und auf Landstraßen; Autobahn über Notrufsäule. Rund um die Uhr kostenpflichtiger Straßenhilfsdienst des Italienischen Automobilclubs (ACI); über Handy 800 116 800. ACI in Bozen Tel. 04 71/28 00 03; nur italienischsprachig.
Bei ADAC-Plus-Mitgliedschaft werden die Kosten für Pannenhilfe bis zu 200 DM und für das Abschleppen zur nächsten Werkstatt bis zu 300 DM übernommen.

PERSÖNLICHE DOKUMENTE

Reisepass oder Personalausweis. Kinder unter 16 Jahren müssen im Pass eines Elternteiles eingetragen sein oder einen Kinderausweis mitführen.

POST

Keine Telefonverbindungen. Briefmarken, Telefonkarten praktischerweise bei → **Tabacchi** kaufen. Briefkästen sind rot!

PREISNIVEAU

Mit Ausnahme von Hotelpreisen, Kaffee (Espresso etc.), Wein, italienischen Spirituosen und Tabakwaren beispielsweise höher als in Deutschland.

PRIVATZIMMER

Infos siehe → **Auskunft**. Oder Verband der Privatvermieter; Tel. + Fax 04 71/97 83 21.

RECHNUNG

Kassenbons und Rechnungen für etwaige Kontrollen der Finanzpolizei aufbewahren. Andernfalls können Geldstrafen drohen!

REISESCHECKS

Einlösung bei allen → **Banken**. Teilweise hohe Gebühren! Auch in größeren Hotels, Wechselstuben. → **Zahlungsmittel**.

REISEZEIT

In den Tälern von Ostern bis Allerheiligen; bei dementsprechendem Wetter auch noch die Woche nach Allerheiligen. Im August sind die höher gelegenen Landesteile ausgebucht.

RESTAURANTS

Leider wartet ein Großteil mit »internationaler«, will heißen identitätsloser Küche auf, teilweise offenbar, um sich den Lohn für einen qualifizierten heimischen Koch zu ersparen. Die Suche nach der Südtiroler Küche (auch → **Törggelen**) gestaltet sich nach den Erfahrungen des Autors schwierig, wird aber als Lohn mit fantastischer Gastronomie vergolten, wie bereits teilweise bei den Touren erwähnt. Darüber hinaus ein kleines Vademekum:

Aldein: Gasthof Krone, u. a. Kalbskopf süßsauer, Kaiserschmarrn, Tel. 04 71/88 68 25.

Bozen: Weißes Rössl (Via Botai 6), u. a. Kutteln, Knödel mit Kraut, Spargel in der Saison, Tel. 04 71/97 32 67.

Bruneck: Weißes Lamm, alteingesessen in der Fußgängerzone, Tel. 04 74/41 13 50.

Dorf Tirol: Sandgrubenkeller, u. a. hausgemachte Krapfen, Mehlspeisen, Zwiebelkuchen, Tel. 04 73/92 35 213.

Eppan/St. Michael: Stroblhof, u. a. Knoblauchsuppe, Gröstl, Buchweizen-Pfannkuchen, Tel. 04 71/66 22 50.

Ehrenburg: Gasthof Knapp. Pustertaler Spezialitäten. Ab 20. September bis Mitte Dezember Törggelen. Vorbestellung erwünscht, Tel. 04 74/56 53 24.

Gufidaun: Unterwirt, Tel. 04 72/84 40 00.

Juval: Schlosswirt unterhalb Schloss Juval, Tel. 04 73/66 82 38.

Kastelbell: Gstirnerkeller in der Fraktion Marein, Tel. 04 73/62 40 32.

Kastelruth: Tschötscherhof in der Fraktion St. Oswald, integriert ein privates Heimatmuseum; Wein, Speck, Wurst eigener Produktion, Tel. 04 71/70 60 13.

Klausen: Gasthof Mühlele, im Thinnetal, Tel. 04 72/54 51 53.

Kuens: Hilberkeller; neben Grillgerichten (Hax'n, Hähnchen, Rippelen) u. a. Graukäse sauer, Kalbskopf, Tel. 04 73/24 10 17.

Kurtasch: Gasthaus zur Rose, mit kreativen Ideen des neuen Pächters Arno Baldo, Tel. 04 71/88 01 16.

Montan: Dorfnerhof in der Fraktion Gschnon, ungewöhnlich preiswert, Tel. 04 71/81 97 98.

Sarnthein: Gasthof Höllriegl; Vorspeisen-Spezialitäten, Kalbskopf, Tel. 04 71/62 30 77.

Schlanders: Hotel Goldener Löwe★★★, Tel. 04 73/73 01 88.

Sexten: Gasthof Reider im Ortsteil Moos, traditionsreich, u. a. Krautsalat, Milznocken, Maronencreme-Krapfen, Tel. 04 74/71 03 04.

Steinegg/Karneid: Ölgartnerhof. Spezialitäten Steiner Krapfen, Apfelküchl, Tel. 04 71/36 54 38.

Vellau/Algund: Kienegg, Tel. 04 73/44 85 38.

STRASSENZUSTANDSBERICHT

Südtiroler Verkehrsmeldezentrale 6–18.30 Uhr; Tel. 04 71/20 01 98. Internet: www.provinz.bz.it.vmz

SÜDTIROLER WEINSTRASSE

Ab Bozen beschildert über rund 40 Kilometer durch sieben Weinbaugemeinden des Überetsch und Bozner Unterlandes: Eppan – Kaltern – Tramin – Kurtatsch – Margreid – Kurtinig – Salurn. Je weiter man südlich gelangt, ungefähr südlich von Tramin, desto ruhiger, angenehmer entwickeln sich Verkehr und Atmosphäre. Geprägt wird die Weinstraße neben der allgegenwärtigen Rebe durch eine vielerorts mediterrane Pflanzenwelt.

Entiklar

Typische Jausen-Adresse: Familie Tiefenbrunner in Entiklar, 300 Meter oberhalb der Weinstraße, hervorgegangen aus dem schon 1225 bezeugten Gut »Linticlar«. An schönen Tagen sitzt man an Holztischen im Freien unter Schatten spendenden Bäumen, sonst in den mittelalterlichen Gewölben der Oswaldstube oder des Wolkensteinkellers bei prämierten Eigenbauweinen und dem »Brettl« mit Speck, Salami, Kaminwurz oder Käse. Spezialkarte: Kompass 1:30000, Blatt 074 (Südtiroler Weinstraße – Unterland).

TABACCHI

Ein schwarzes Schild mit weißem »T« kennzeichnet die Verkaufsstellen für Tabakwaren, Zündhölzer, Briefmarken, Telefonkarten, Zeitungen, Zeitschriften, Wanderkarten, Schreibwaren, fallweise Busfahrscheine etc. Meist auch Sonntag Vormittag geöffnet.

TANKSTELLEN

Außer an der Autobahn geschlossen 12.30–15 Uhr und 19.30–7 Uhr. Sa Nachmittag und So reduzierte Bereitschaftsdienste (aufgelistet in der Tageszeitung »Dolomiten«); gilt nicht für Autobahn. Selbstbedienungs-Tankstellen nehmen 10000-Lire-Scheine.

TELEFON

Telefonzellen mit Münzen (100, 200, 500 Lire) sowie Telefonkarten. Öffentliche Fernsprechmöglichkeiten in Lokalen oder öffentlichen Gebäuden sind mit einer weißen runden Hinweistafel mit rotem Telefonhörer gekennzeichnet.

Billigtarif-Zeiten Mo–Fr 1. Stufe 18.30–22 Uhr, 2. Stufe 22–8 Uhr.
So und Feiertage 1. Stufe 8–22 Uhr, 2. Stufe 22–8 Uhr.
Vorwahl nach Deutschland: 00 49, dann Ortsnummer ohne erste
0; Österreich 00 43, Schweiz 00 41.
Vorwahl nach Italien von allen europäischen Ländern: 00 39,
dann vollständige Orts- und Teilnehmernummer.
Auskünfte über Teilnehmer-Nummern im Ausland: Tel. 176.
Auskunft über Teilnehmer-Nummern in Italien: Tel. 12.

TÖRGGELEN

Über die »Kunst« des Törggelen wurde bereits eingangs berichtet.
Anschließend ohne Bewertung aufgezählt einigeTörggelestationen
– manche nur im Herbst geöffnet – mit selbst erzeugten Produkten.

Barbian: Gostnerhof, in der Fraktion St. Gertraud; Zufahrt direkt von der Brennerstraße beschildert. Geheimtip im Eisacktal! Tel. 04 71/65 43 57.

Brixen: Gummererhof, südwestlich oberhalb von Brixen in der Fraktion Pinzagen; Eigenproduktion u. a. Schlutzkrapfen, Speck, Krapfen, Tel. 04 72/ 83 55 53.

Eppan-St. Pauls: Pichlerhof der gleichnamigen Familie an der oberen Weinbaugrenze gelegenen Fraktion Perdonig. U. a. hausgemachter Speck, eine Rarität für das Überetsch, Tel. 04 71/766 22 55.

Feldthurns: Loatererhof nordöstlich von Feldthurns in der Fraktion Tschiffnon. Fast ausschließlich Selbstproduktion, Tel. 04 72/85 55 05.

Jenesien: Noafer, 760 m hoch gelegen in der Fraktion Oberglaning, einer der populärsten Buschen um Bozen, Tel. 04 71/26 65 39.

Kaltern: Seewolfkeller, ältester Hof am See, in der Fraktion St. Josef. Schmankerl vor allem zur Törggelenzeit, Tel. 04 71/96 00 20.

Klausen: Martscholerhof der Familie Brunner, oberhalb von Klausen an der Straße nach Gufidaun. Besonders erwähnenswert: Presssack, saurer Kalbskopf, Tel. 04 72/84 72 07.

Lana: Pfefferlechner (St.-Martin-Str. 4), der Hof wurzelt im 12. Jahrhundert, wie

Martin Laimer in seiner der Speisekarte beigelegten Chronik anmerkt, Tel. 04 73/56 25 21.

Naturns: Steinhof, der »Stoaner«, einer der ältesten Höfe der Gegend, östlich Naturns in der Fraktion Stein bei Familie Götsch, Tel. 04 73/66 74 51.

Rabland: Happichlhof aus dem 13. Jahrhundert, Tel. 04 73/96 74 38.

Riffian: Luferkeller, unterhalb der Ortschaft zur Passer hin; Tel. 04 73/24 10 71.

Ritten: Patscheiderhof, 760 m hoch in der Fraktion Signat, Tel. 04 71/36 52 67.

Schenna: Moareben, rund 100 Sitzplätze in der getäfelten Bauernstube und im Garten; Tel. 04 73/94 57 59.

Seis: Lafreiderhof, einer der ältesten noch erhaltenen Höfe im Eisacktal; Fraktion Tisens, Tel. 04 71/70 65 70.

Vellau/Algund: Kienegger, aussichtsreich oberhalb von Vellau, Tel. 04 73/44 85 38.

Villanders: Unterfurnerhof der Familie Rabensteiner in der Fraktion St. Stefan. Typischer Bauernbuschen von Oktober bis Mitte Dezember, Tel. 04 72/84 31 09. Larbhof, 780 m, in der Fraktion St. Moritz bzw. in einer 200 Jahre alten getäfelten Stube, Tel. 04 72/84 31 63.

Villnöß: Nussbaumer in der Fraktion Nafen; zu Fuß o,25 Std., Tel. 04 72/84 40 17.

Völs/Schlern: Leitnerkeller, aus dem

15. Jahrhundert (Gewölbe mit alten landwirtschaftlichen Geräten), in der Fraktion Aicha, Tel. 04 71/60 10 94.
Wangen: Steinmannhof in der Sarner Schlucht. Nur zu Fuß erreichbar, nach dem 13. Tunnel der Sarntalstraße über eine Hängebrücke in 0,5 Std. Nur Eigenbauprodukte, Tel. 04 71/60 20 42.

URLAUB AUF DEM BAUERNHOF
Auskünfte: Tel. 04 71/99 93 08, Fax 99 94 05, Internet: www. altoadigeonline.it.agriturismo

VERSICHERUNGSKARTE
Bei Unfällen und Kontrollen wird die Grüne Versicherungskarte verlangt.

VIA-CARD → AUTOBAHN

WANDERKARTEN
Sämtliche gängigen Editionen 1:25 000 und 1:50 000 erhältlich in Buch- und Schreibwarengeschäften, vielen Supermärkten, Kiosken. → **Tabacchi**

WEINSEMINARE
Von Ostern bis Allerheiligen z. B. jede Woche in Kaltern (mittwochs) und Eppan (freitags); dazu Einführungen in Weinbau, Weinbereitung, Weindegustation etc. Auskünfte: Tel. 04 71/96 31 69 (Tourismusverein Kaltern) und 0471/66 22 06 (Eppan).

WETTER
Auskunft Tel. + Fax 04 71/27 11 77, 27 05 55, Internet: www.prov. bz.it/wetter

ZAHLUNGSMITTEL
Italienische Lira: 1000 Lire = 1,01 DM.

ZEITUNGEN
In Südtirol führend die deutschsprachige, in Bozen erscheinende Tageszeitung »Dolomiten«.

ZOLLBESTIMMUNGEN
In den EU-Ländern herrscht freier Warenverkauf. Beschränkungen gelten aber für die Schweiz.

REGISTER

Südtirol
Schlösser und Burgen

TOUREN

KARTEN

Zum Heraustrennen

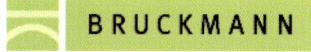

1 Schloss Wolfsthurn

Etappen: Mareit – Schloss Wolfsthurn – Hotel Pulvererhof – Mareit

leicht

2 km

35 Min.

↑ 60 m
↓ 60 m

ja

Wandernkompakt Südtirol
Bruckmann

Ausgangsort: Mareit.
Wanderkarte: Freytag & Berndt 1:50 000, Blatt 4 (Sterzing, Jaufenpass, Brixen).
Markierungen: Hinweistafeln; rotweiße Zeichen.
Verkehrsbindung: Ridnauntalstraße 7,5 km von Sterzing (nächster Bahnhof). Parken vor der Kirche bzw. neben dem Gasthof zum Stern.
Einkehr: Unterwegs Schlossschenke, Hotel Pulvererhof. In Mareit Gasthof zum Stern.
Unterkunft: Gasthof zum Stern★★, Tel. 04 72/75 80 14. Ca. 800 m taleinwärts Hotel Pulvererhof★★★, Tel. 04 72/75 82 24. Weitere Hotels in der Umgebung, beispielsweise im Talhintergrund (Schau- und Erlebnisbergwerk Ridnaun) Gasthof Maiern★★, Tel. 04 72/66 62 44. Nächster Campingplatz in Gasteig: Gilfenklamm★, Tel. 04 72/77 91 32.
Tourist-Info: Tourismusverein, I-39040 Ratschings, Tel. 04 72/75 66 66, Fax 75 68 89, E-Mail: ratschings@dnet.it, Internet: www.ratschings.it
Schloss Wolfsthurn: Geöffnet 1. April– 15. November Dienstag–Samstag 9.30–17.30 Uhr, sonn- und feiertags 13–17 Uhr.

2 Burg Reifenstein

Etappen: Parkplatz – Burgberg – Burg – Parkplatz

leicht

1,5 km

20 Min.

↑ 50 m
↓ 50 m

ja

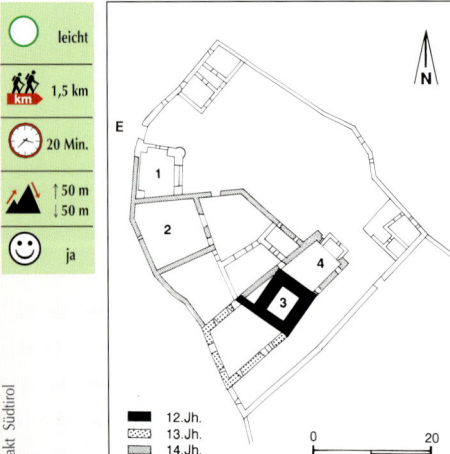

■ 12. Jh.
▨ 13. Jh.
▤ 14. Jh.
□ 15./16. Jh.

Wandernkompakt Südtirol
Bruckmann

Ausgangsort: Elzenbaum, genau gesagt Parkplatz zu Füßen von Reifenstein.
Wanderkarte: Freytag & Berndt 1:50 000, Blatt 4 (Sterzing, Jaufenpass, Brixen).
Markierungen: Hinweistafel.
Verkehrsbindung: Zwischen Sterzing und Freienfeld, unterhalb der Burg Sprechenstein, zweigt von der Staatsstraße 12 vor der Bahnüberführung (Bushaltestelle) rechts ein Sträßchen ab zum 400 m entfernten Parkplatz. Wer die Autobahn bei Sterzing verlässt, benutzt die Staatsstraße 508 Richtung Penser Joch bis oberhalb von Elzenbaum. Dort links ab (stellenweise schmale Ortsdurchfahrt) zum Burgberg.
Einkehr: Burgschenke in Elzenbaum.
Unterkunft: An der Staatsstraße, unterhalb von Schloss Sprechenstein, Gasthof Burgfrieden★★; Tel. 07 42/76 54 00, 76 47 40. Nahebei in Freienfeld Gasthof Larch★★★, Tel. 04 72/64 71 07. In Maria Trens Gasthof Alte Post★★★; Tel. 04 72/64 71 24. Überdies in Sterzing.
Tourist-Info: Tourismusverein, I-39040 Freienfeld, Tel. 04 72/76 53 25, Fax 76 54 41.
Burg Reifenstein: Führungen außer Freitag von Ostern–Allerheiligen 9.30, 10.30, 14, 15 Uhr.

3 Burg Rodenegg

Etappen: Schabs – Rienz – Rienzschlucht-Blick – Rodenegg – Schabs

○	leicht
🚶 km	8 km
🕐	2 Std.
⛰	↑ 400 m ↓ 400 m
☺	ja

Ausgangsort: Schabs.
Wanderkarte: Mapgraphic 1:25 000, Blatt 12 (Brixen-Umgebung).
Markierungen: Hinweistafeln. Rotweiße Zeichen.
Verkehrsanbindung: Ab Autobahnausfahrt Brixen-Pustertal östlich (Richtung Pustertal) 3 km. Von Brixen 7 km. Busverbindungen. Nächster Bahnhof (2,5 km) in Aicha. Busverbindungen. Parken um die Pfarrkirche.
Einkehr: Schabs. Unterwegs in Vill-Rodeneck (etwas abseits), z. B. Rodeneggerhof.
Unterkunft: Schabs z. B. Hotel am Brunnen★★★, auch Gartenbetrieb, Tel. 04 72/41 20 31. Pension Vallazza★★, Tel. 04 72/41 21 28. Gasthaus zum Ochsen★, Tel. 04 72/41 20 38. Rodeneck-Vill in grandioser Aussichtslage: Rodeneggerhof★★★, Tel. 04 72/45 42 45. Nächster hervorragender Campingplatz in Vahrn: Löwenhof★★★★, Tel. 04 72/83 62 16.
Tourist-Info: Tourismusverein, I-39025 Natz-Schabs, Tel. 04 72/41 50 20, Fax 41 51 22, E-Mail: tv-natz-schabs@dnet.it
Bemerkung: Kürzester Zugang ab **Vill-Rodeneck**, vom Parkplatz beim Gasthaus zum Löwen.
Burg Rodenegg: Führungen von Mai–Oktober, ausgenommen Montag: 11 und 15 Uhr.

Burg Rodenegg hochgetürmt über der Rienzschlucht.

4 Schloss Ehrenburg

Etappen: Ehrenburg – Schloss – Pfarrkirche – römischer Meilenstein – Ehrenburg

leicht

2,5 km

³/₄ Std.

↑ 80 m
↓ 80 m

ja

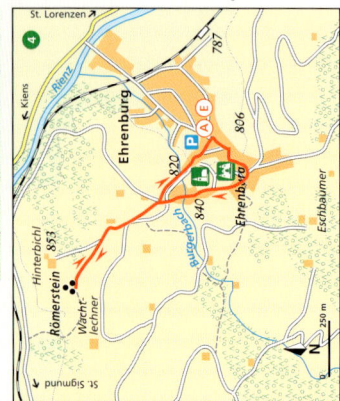

Wanderkompakt Südtirol
Bruckmann

Verkehrsanbindung: Ehrenburg liegt 700 m südlich der Pustertal-Staatsstraße 49; von Kiens 2 km, von Bruneck 9 km, vom Brenner 60 km. Bahnhof. Busverbindungen. Parkplätze im Dorf, u. a. gegenüber Gemischtwaren Pörnbacher direkt unterhalb des Schlosses.

Einkehr: In Ehrenburg, originelle Pustertaler Spezialitäten wie Gerstlsuppe, Schlutzkrapfen, Hausgeräuchertes mit Sauerkraut, Tirtlen (Teigtaschen mit Topfen, Sauerkraut oder Spinat) usw. im Gasthof Knapp (Montag geschlossen); kleines Heimatmuseum.

Unterkunft: Lido Ehrenburgerhof★★★★, vielleicht das feinste Haus im Pustertal, Tel. 04 74/56 53 47. In Kiens Hotel Leitgamhof★★★, Tel. 04 74/56 53 34. Hotel Zur Post★★★, Tel. 04 74/56 53 18. Pension Brunelle★★, Tel. 04 74/56 53 09. Garni Weger★★, Tel. 04 74/56 52 46. Nächster Campingplatz an der Rienz bei St. Sigmund/Kiens: Gisser★★★, Tel. 04 74/56 96 05.

Tourist-Info: Tourismusverein, I-39030 Kiens, Tel. 04 74/56 52 45, Fax 56 56 11. E-Mail: info@kiens.com, Internet: www.hallo.com

Schloss Ehrenburg: Führungen April, Mai, Oktober mittwochs 15 Uhr, Juni sowie zweite Septemberhälfte Montag–Samstag 11 und 15 Uhr. Juli und August Montag–Samstag 11, 15, 16 Uhr.

Ausgangsort: Ehrenburg.
Wanderkarte: Mapgraphic 1:25 000, Blatt 15 (Bruneck-Umgebung).
Markierungen: Hinweisschilder. Weißblaue Zeichen zum Meilenstein.

---

5 Burg Taufers

Etappen: Sand – Schlossbrücke – Burg Taufers – Ahrnbach – Sand

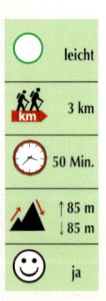

leicht

3 km

50 Min.

↑ 85 m
↓ 85 m

ja

Wanderkompakt Südtirol
Bruckmann

Ausgangsort: Sand in Taufers.
Wanderkarte: Mapgraphic 1:25 000, Blatt 16 (Ahrntaler Berge).
Markierungen: Hinweisschilder; rotweiße Zeichen.
Verkehrsanbindung: Ab Pustertalstraße bei Bruneck (nächster Bahnhof) 15 km, vom Brenner 83 km, von Bozen 92 km.
Einkehr: Burgcafé. Gasthöfe in Sand, z. B. Spanglwirt (Spezialität: zeitweise Gebratenes und Geschmortes vom Ochsen, Mittwoch geschlossen).
Unterkunft: Hotel Tubris★★★★, Tel. 04 74/67 84 88. Hotel Spanglwirt★★★, Tel. 04 74/67 81 44. Hotel Mirabell★★★, Tel. 04 74/67 80 91. Garni Bergfried★★, reichhaltiges Frühstücksbüffet, Tel. 04 74/67 80 84. Garni Alpenhof★, Tel. 04 74/67 83 53.
Tourist-Info: Tourismusverein, I-39032 Sand in Taufers, Tel. 04 74/67 80 76, Fax 67 89 22, E-Mail: info@taufers.com, Internet: www.taufers.com
Bemerkung: An der Straße von Sand talein zweigt 300 m nördl. der Schlossbrücke, gegenüber dem Holzsteg über den Ahrnbach, rechts ein Schottersträßchen ab zur Burg Taufers; beschränkter Parkraum. An der Talstraße kurz vor der Abzweigung eine Parkbucht.
Burg Taufers: Öffnungszeiten: Führungen 8. Januar–Mitte Juni dienstags, freitags, sonntags 15 Uhr in deutscher Sprache; Karfreitag und Ostersonntag geschlossen. Mitte Juni–Mitte Juli und September sowie Oktober täglich 10, 11, 14, 15.15, 16.30 Uhr. Mitte Juli–Ende August 10–11.30 Uhr und 13–17 Uhr jede halbe Stunde.

6 Schloss Welsperg

Etappen: Welsberg – Schloss Welsperg – Gsieser Tal – Taisten – Welsberg

leicht

7,5 km

2 Std.

↑ 150 m ↓ 120 m

ja

Ausgangsort: Welsberg.
Wanderkarte: Freytag & Berndt 1:50 000, Blatt 3 (Pustertal-Bruneck-Drei Zinnen).
Markierungen: Hinweistafeln. Rotweiße Zeichen.
Verkehrsanbindung: Pustertalstraße zwischen Bruneck (17 km) und Toblach (10 km). Busverbindungen. Bahnhof. Parkplätze: Am Schlossberg, beschildert.
Einkehr: Z. B. Restaurant Peintner. Große Pizza im Pizzahaus Almdiele.
Tourist-Info: Tourismusverein, I-39035 Welsberg, Tel. 04 74/94 41 18, Fax 94 45 99, E-Mail: welsberg@kronplatz.com, Internet: www.hallo.com
Schloss Welsperg: Geöffnet Anfang Juli–Mitte September von Montag–Freitag von 9.30–12 Uhr.

7 Bischöfliche Hofburg Brixen

Etappen: Hofburg – Hofgarten – Sonnentor – Lauben – Domplatz – Hofburg

leicht

1,5 km

20 Min.

↑ 0 m ↓ 0 m

ja

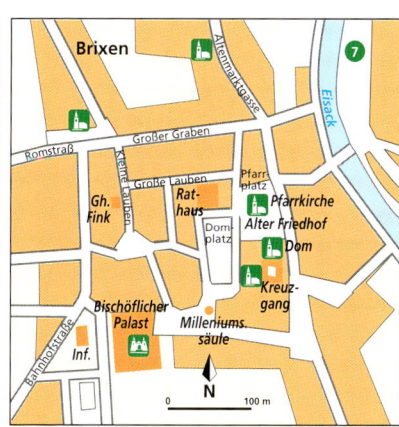

und Bozen (40 km). Autobahnanschlussstelle nördlich. Bahnhof. Großer Busbahnhof (Bahnhofstraße). Beschilderte Parkplätze.
Einkehr: Traditionsgasthöfe: Finsterwirt nahe Domplatz. Gasthof Fink; im 1. Stock ist ein 1955 gefundener Menhir der frühen Bronzezeit (1700–1500 v. Chr.) ausgestellt. Restaurant Krone.
Unterkunft: Hotel Grüner Baum★★★★, Stufels 11, Tel. 04 72/83 27 32. Hotel Senoner Unterdrittl★★★, Rienzdamm 22, Tel. 04 72/83 25 25. Gasthof Goldene Traube★★, Kleine Lauben 9, kein Parkplatz, Tel. 04 72/83 65 52. Pension Mayrhof★, an der Straße nach Elvas, zu Fuß 20 Minuten, Tel. 04 72/83 48 30. Nächster Campingplatz in Vahrn: Löwenhof★★★, Tel. 04 72/83 62 16.
Tourist-Info: Tourismusverein, Bahnhofstraße 9, I-39042 Brixen, Tel. 04 72/83 64 01, Fax 83 60 67, E-Mail: info@brixen.org, Internet: www.brixen.org
Bischöfliche Hofburg Brixen: Geöffnet Mitte März–Ende Oktober außer Sonntag 10–17 Uhr; 15. Dezember–10. Februar 14–17 Uhr.

Ausgangsort: Brixen.
Wanderkarte: Stadtplan von Brixen; kostenlos erhältlich im Tourismusbüro.
Markierungen: Hinweisschilder.
Verkehrsanbindung: Eisacktalstraße zwischen Brenner (47 km)

8 Schloss Velthurns

Etappen: Schrambach – St. Peter – Feldthurns – Schloss – Schrambach

leicht

5 km

2 Std.

↑ 300 m
↓ 300 m

ja

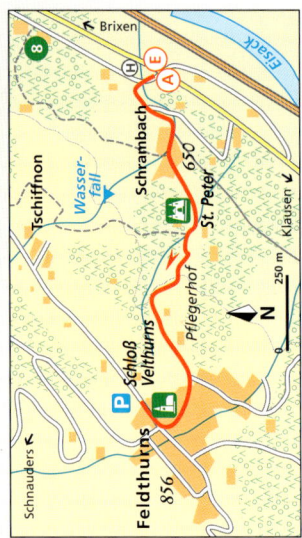

Wandernkompakt Südtirol
Bruckmann

Ausgangsort: Schrambach.
Wanderkarte: Mapgraphic 1:25 000, Blatt 12 (Brixen-Umgebung).
Markierungen: Wegweiser. H in Weißblau.
Verkehrsanbindung: Die Zufahrtsstraße (450 m) zweigt zwischen Brixen (6 km) und Klausen (3,5 km, nächster Bahnhof) schräg gegenüber dem Gasthaus Schoberhof (Bushaltestelle) von der Talstraße ab.
Einkehr: Feldthurns z. B. Dorfcafé by Monika, Oberwirt.
Unterkunft: Gasthof Schoberhof★★, an der Talstraße unterhalb Schrambach, Tel. 04 72/85 52 80. Im Ort Schrambach Pension Moarhof★, Tel. 04 72/85 52 32. In Feldthurns z. B. Hotel Unterwirt★★★, Tel. 04 72/85 52 25. Nächster Campingplatz bei Klausen: Gamp★★★, Tel. 04 72/84 74 25.
Tourist-Info: Tourismusverein, I-39040 Feldthurns, Tel. 04 72/85 52 90, Fax 85 50 31, E-Mail: info@feldthurns.com, Internet: www.feldthurns.com
Bemerkung: Kürzester Zugang von Feldthurns; Parkplätze am Schloss; Bushaltestelle.
Schloss Velthurns: geöffnet Führungen außer Montag 1. März–30. November um 10, 11, 14.30, 15.30 Uhr.

---

9 Kloster Säben

Etappen: Klausen – Burg Branzoll – Kloster Säben – Klausen

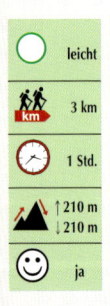

leicht

3 km

1 Std.

↑ 210 m
↓ 210 m

ja

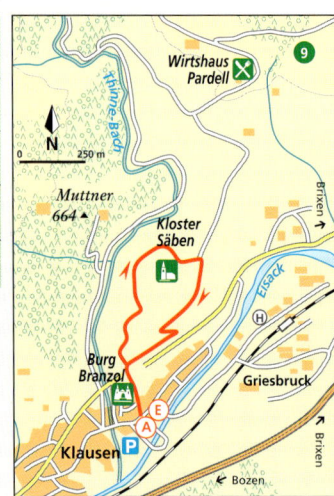

Wandernkompakt Südtirol
Bruckmann

Ausgangsort: Klausen.
Wanderkarte: Mapgraphic 1:25 000, Blatt 12 (Brixen-Umgebung).
Markierungen: Wegweiser und rotweiße Zeichen.
Verkehrsanbindung: Eisacktalstraße zwischen Brixen (11,5 km) und Bozen (29 km). Autobahnanschlussstelle. Bahnhof. Busverbindungen. Parkplätze am nördlichen und südlichen Rand der Altstadt sowie beim Bahnhof jenseits des Eisack.
Einkehr: Unterwegs im Weiler Pardell vorzügliche Jausenstation Huber (abseits der Route), u. a. Eisacktaler Krapfen, selbst angebaute Weine. In Klausen u. a. Weinschenke-Pizzeria Torgglkeller Schmuckhof. Fliegerpub. Stadtcafé im »Goldenen Engel«.
Unterkunft: Gasthof zum Klostersepp★★★, an der Brennerstraße, Tel. 04 72/84 75 50. Im historischen Kern z. B. Gasthof Goldener Engel★★, Tel. 04 72/84 75 92. Gasthof Walther von der Vogelweide★, Tel. 04 72/84 73 69. Camping Gamp★★★, auch Gasthof★★ mit 14 Betten, Tel. 04 72/84 74 25.
Tourist-Info: Tourismusverein, I-39043 Klausen, Tel. 04 72/84 74 24, Fax 84 72 44, E-Mail: tourismusverein.klausen@dnet.it
Kloster Säben: Kirchen geöffnet Dienstag–Freitag 14–17 Uhr; Samstag/Sonntag 10–12, 14–17 Uhr. Juli/August nachmittags 15–18 Uhr.

10 Trostburg

Etappen: Waidbruck – Trostburg – Tagusens – Trostburg – Waidbruck

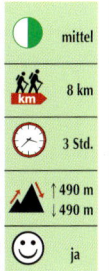

mittel

8 km

3 Std.

↑ 490 m
↓ 490 m

ja

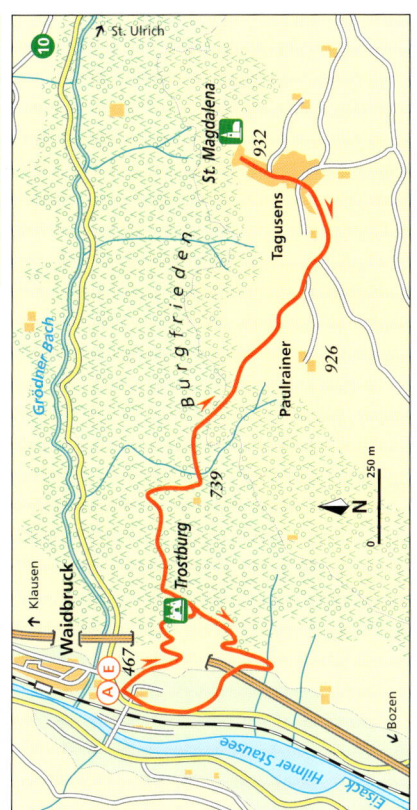

Ausgangsort: Waidbruck.
Wanderkarte: Mapgraphic 1:25 000,
Blatt 11 (Schlern-Rosengarten).
Markierungen: Gelber Wegweiser;
weißrote Zeichen.
Verkehrsanbindung: Eisacktalstraße zwischen Klausen (6 km) und Bozen
(23 km), vom Brenner 62 km. Bahnhof.
Busverbindungen. Parken auf dem Oswald-von-Wolkenstein-Platz bzw. vor
dem Postamt oder dem Gasthof Gehring.
Einkehr: Waidbruck, z. B. Gasthaus Gehring. Tagusens: Messnerwirt (Mai–Allerheiligen, Sonntag Nachmittag und Montag geschlossen).
Unterkunft: Gasthof Starz★★★ (an der
Staatsstraße), Tel. 04 71/65 41 42. Weitere Möglichkeiten z. B. in Klausen
(Wanderung 9) oder Barbian, Traube-Barbianer-Hof★★, hoch gelobtes Speiselokal; Tel. 04 71/65 00 00. Nächster
Campingplatz bei Klausen: Gamp★★★,
Tel. 04 72/84 74 25.
Tourist-Info: Tourismusverband Eisacktal,
Großer Graben 28a, I-39042 Brixen.
Tel. 04 72/80 22 32, Fax 80 13 15,
E-Mail: info@eisacktal.com,
Internet: www.eisacktal.com
Trostburg: Führungen: Gründonnerstag–Ende Oktober 11, 14, 15 Uhr,
Juli/August zusätzlich 10, 16 Uhr. Montag geschlossen.

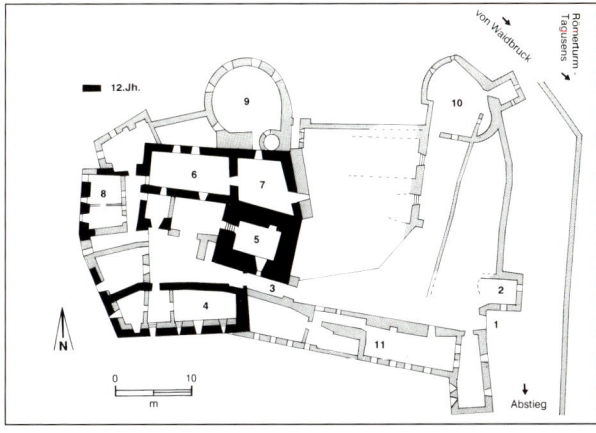

11 Ruine Wolkenstein

Etappen: Wolkenstein – Burgruine – Langental – Wolkenstein

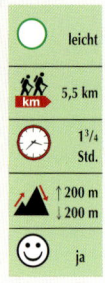

○ leicht

🏃 5,5 km
km

🕐 1³/₄
Std.

↑ 200 m
↓ 200 m

☺ ja

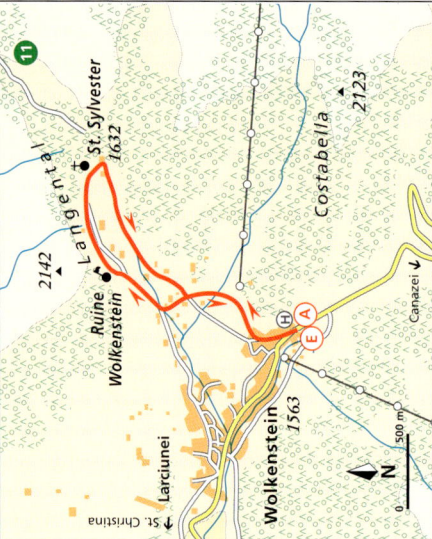

Ausgangsort: Wolkenstein.
Wanderkarte: Freytag & Berndt
1:50 000, Blatt 5 (Cortina – Mar-
molada – St. Ulrich).
Markierungen: Wegweiser; rot-
weiße Zeichen.
Verkehrsanbindung: Grödnertal-
straße von Waidbruck (nächster
Bahnhof) 21 km, 27,5 km von
Klausen (Autobahnanschluss-
stelle). Busverbindungen.
Einkehr: Z. B. bei Franco im
Speckkeller.
Unterkunft: Hotel
Portillo★★★★, des ehemaligen
Slalom-Weltmeisters Carlo Seno-
ner; Tel. 04 71/79 52 05. Hotel
Alaska★★★, an der Wanderroute,
Tel. 04 71/79 52 98. Albergo
Scoiattolo★★, an der Wander-
route, Tel. 04 71/79 52 02. Privat-
zimmer La Nidla, unterhalb der
Burgruine, Tel. 04 71/79 40 38.
Tourist-Info: Tourismusverein,
I-39048 Wolkenstein, Tel.
04 71/79 51 22, Fax 79 42 45,
E-Mail: selva@val-gardena.com,
Internet: www.val-gardena.com

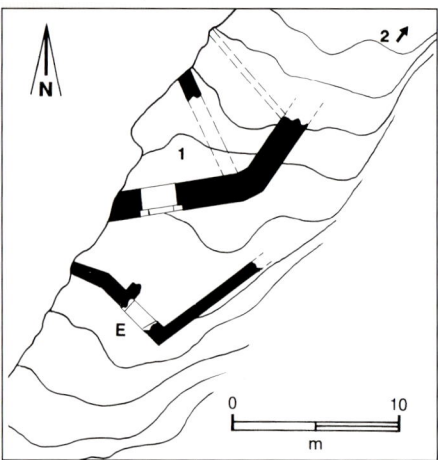

12   Ruine Hauenstein

Etappen: Völs – Hotel Salegg – Burgruine Salegg – Hauenstein – Völs

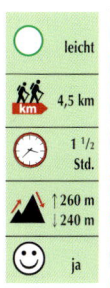

○	leicht
🏃 km	4,5 km
🧭	1 ½ Std.
⛰	↑ 260 m ↓ 240 m
☺	ja

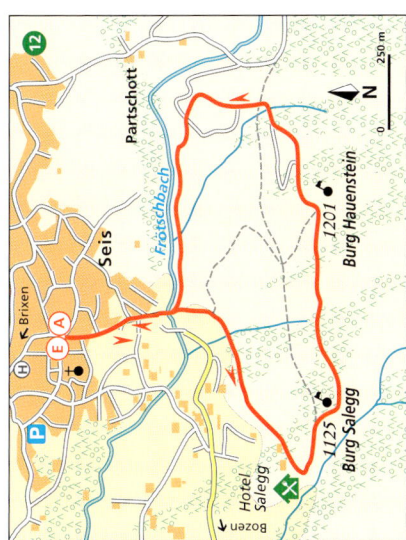

Ausgangsort: Seis.
Wanderkarte: Wege-Übersichtskarte am Kirchplatz. Mapgraphic 1:25 000, Blatt 11 (Schlern-Rosengarten).
Markierungen: Wegweiser und rotweiße Zeichen.
Verkehrsanbindung: Ab den Autobahnanschlussstellen Bozen-Nord und Klausen jeweils 17 km. Busverbindungen. Parkmöglichkeit beim Verkehrsamt (Durchgangsstraße).
Einkehr: Restaurant-Pizzeria Sciliar. Trotzstube. Gasthof Vigilerhof. Zum Woscht. Café Ritterhof.
Unterkunft: Club Hotel Diana★★★★, Tel. 04 71/70 61 29. Hotel Enzian★★★, Tel. 04 71/70 50 50. Hotel Waldrast★★★, am Wanderweg, Tel. 04 71/70 6 17. Hotel Salegg★★, am Wanderweg, Tel. 04 71/70 61 23. Nächster Campingplatz St. Konstantin/Völs: Seiser Alm★★★, Tel. 04 71/70 64 59.
Tourist-Info: Tourismusverein, I-39040 Seis am Schlern, Tel. 04 71/70 70 24, Fax 70 66 00, E-Mail: seiseralm@dolomitisuperski.com, Internet: www.dolomitisuperski.com/seiseralm

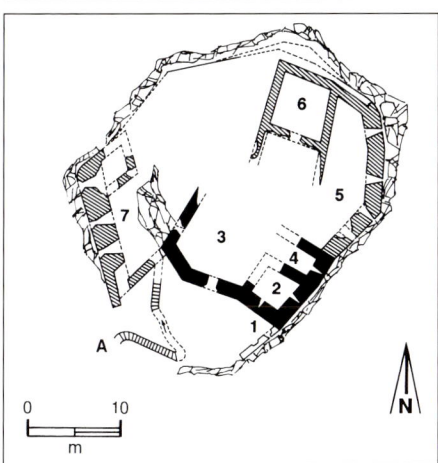

13   Schloss Prösels

Etappen: Ums – Tschafonleger – Schönblick – Schnaggenkreuz – Prösels – Ums

◐	mittel
🏃🏃 **km**	11 km
🕐	3 ½ Std.
⛰	↑ 560 m ↓ 550 m
☺	ja

Ausgangsort: Ums.
Wanderkarte: Mapgraphic 1:25 000, Blatt 10 (Bozen-Ritten).
Markierungen: Wegweiser, rotweiße Zeichen.
Verkehrsanbindung: Von Völs am Schlern 3 km, streckenweise schmale Straße. Von Bozen 19 km (nächster großer Bahnhof), von Brixen 43 km. Keine Busverbindungen. Parkplätze am Ortseingang vor der Kirche.
Einkehr: Unterwegs Jausenstation Schönblick, Pröslerhof.
Unterkunft: In Ums Gasthof Kircher★★, Tel. 04 71/72 51 51. In Prösels Gasthof Pröslerhof★★,

Tel. 04 71/60 10 69. Hotels aller Kategorien in Völs. Nächster Campingplatz in St. Konstantin/Völs: Seiser Alm★★★, Tel. 04 71/70 64 59.
Tourist-Info: Tourismusverein, I-39050 Völs am Schlern. Tel. 04 71/72 50 47, Fax 72 54 88.
E-Mail: tvvoels@acomedia.it,
Internet: www.dolomitisuperski.com.seiseralm
Bemerkung: Vom Parkplatz in Dorf Prösels etwa 5 Minuten zum Schloss Prösels.
Schloss Prösels: Öffnungszeiten und Führungen Anfang April–Ende Mai sowie im Oktober 11, 14, 15 Uhr. Juni und September 11, 14, 15, 16 Uhr. Juli und August 10, 11, 15, 16, 17 Uhr. Samstag Ruhetag.

Südansicht von Schloss Prösels.

14 Schloss Maretsch

Etappen: Obstmarkt – Museumsstraße – Maretsch – Oswaldpromenade – St. Magdalena – Zentrum

leicht

6 km

1 ³/₄ Std.

↑160 m
↓160 m

ja

Ausgangsort: Bozen.
Wanderkarte: Mapgraphic 1:25 000, Blatt 10 (Bozen-Ritten).
Markierungen: Vereinzelt Wegweiser.
Verkehrsanbindung: Autobahnanschlussstellen Bozen-Nord und -Süd. Vom Brenner 82 km, von Meran 27 km. Bahnhof. Busbahnhof nahe Bahnhof. Parken z. B. Tiefgarage unter dem Waltherplatz, Tiefgarage Bahnofsplatz, Tiefgarage Perathonerplatz. Talstation der Jenesien-Seilbahn (Sarntaler Straße); von dort 10 Minuten ins Zentrum. Geheimtipp: Parkplatz bei Schloss Maretsch, jedoch schwierig zu finden.
Einkehr: Heiße, frische »Stadtwurst« im fahrbaren Kiosk am Eingang vom Obstmarkt in die Lauben. Besonders typisch in Bozen: Restaurant Roter Adler »Vögele« (Goethestraße 3). Außerdem: Batzenhäusl, Andreas-Hofer-Stube im Hotel Mondschein, Torgglhaus, Zum Bogen, Weißes Rössl. Unterwegs: Restaurant

Schloss Maretsch; Sonntag geschlossen. Restaurant Eberle (Dienstag geschlossen) in St. Magdalena.
Unterkunft: Infolge der Parkraumnot am besten in den Außenbezirken, z. B. im zentrumsnahen Stadtteil Rentsch, problemlos erreichbar über der Autobahnausfahrt Bozen-Nord: Magdalenerhof ★★★, Tel. 04 71/97 82 67. Rentschner Hof ★★★, Tel. 04 71/97 53 46. Pension Sonja ★, Tel. 04 71/97 32 81. Camping Moosbauer ★★★★ (Moritzinger Str. 83), Tel. 04 71/91 84 92.
Tourist-Info: Tourismusverein, Waltherplatz 8, I-39100 Bozen. Tel. 04 71/30 70 00, Fax 98 01 28, E-Mail: bolzano@sudtirol.com, Internet: www.sudtirol.com/bolzano
Schloss Maretsch: Geöffnet Tagungszentrum Montag–Freitag 8.30–12.30 Uhr, 15–18.30 Uhr geöffnet. Sofern keine Veranstaltungen stattfinden, darf der »Römersaal« besichtigt werden.

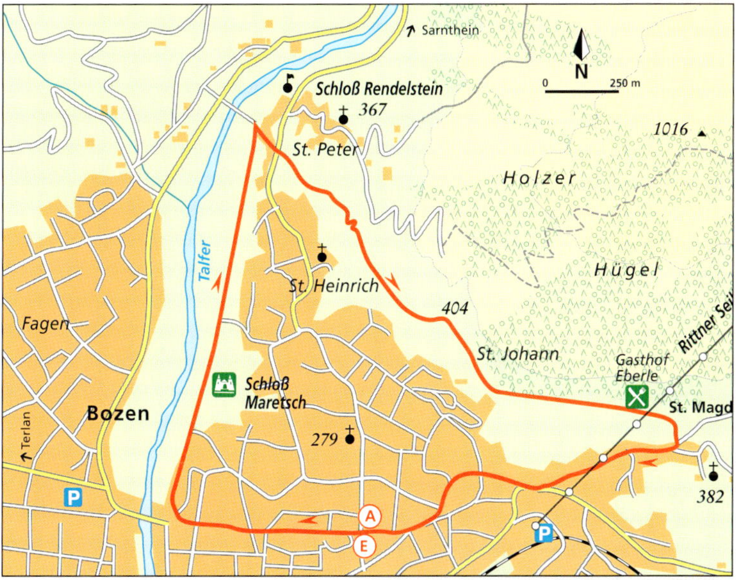

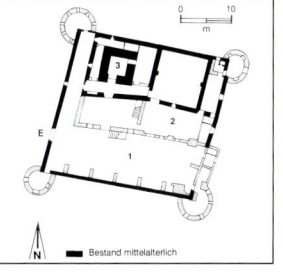

Bestand mittelalterlich

15   Burg Runkelstein

Etappen: Parkplatz – Runkelstein – Parkplatz

leicht

knapp
1 km

10 Min.

↑30 m
↓30 m

ja

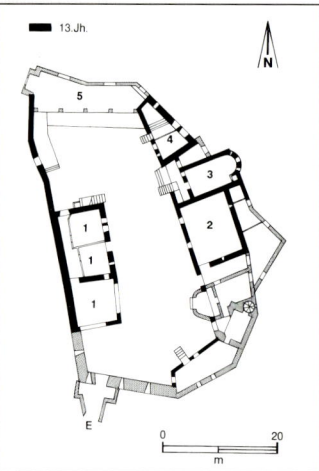

13. Jh.

N

5

4

3

1 1

2

1

1

E

0   20
m

Ausgangsort: Bozen.
Ausgangspunkt: Nördlicher Stadtrand von Bozen, unterhalb Runkelstein, vom Zentrum 2 km; Anfahrt am besten über die Sarntaler Straße. Parkplätze neben der Straße. Stadtbus-Haltestelle.
Wanderkarte: Mapgraphic 1:25 000, Blatt 10 (Bozen-Ritten).
Markierungen: Hinweistafel.
Verkehrsanbindung: Autobahnanschlussstellen Bozen-Nord und -Süd. Vom Brenner 82 km, von Meran 27 km. Bahnhof. Busbahnhof nahe Bahnhof.
Einkehr: Burgschenke, einheimische Spezialitäten und mittelalterliche Gerichte. In Bozen siehe Wanderung 14.
Unterkunft: Infolge Parkraumnot und strengen Parkverboten am besten in den Außenbezirken, z. B. im zentrumsnahen Stadtteil Rentsch, problemlos erreichbar von der Autobahnausfahrt Bozen-Nord: Magdalenerhof★★★, Tel. 0471/97 82 67. Rentschner Hof★★★, Tel. 0471/97 53 46. Pension Sonja★, Tel. 0471/97 32 81. Camping Moosbauer★★★★ (Moritzinger Str. 83), Tel. 0471/91 84 92. Exquisit-erstklassig im Zentrum: Hotel Greif (Waltherplatz 7), Tel. 0471/31-80 00. Internet: www.greif.it. E-Mail: info@greif.it
Tourist-Info: Tourismusverein, Waltherplatz 8, I-39100 Bozen, Tel. 0471/30 70 00. E-Mail: bolzano@sudtirol.com, Internet: www.sudtirol.com/bolzano
Burg Runkelstein: Führungen außer Montag zwischen 10 und 18 Uhr, von Mitte Juni–30. September–20 Uhr.

Wandernkompakt Südtirol
Bruckmann

16   Ruine Rafenstein

Etappen: Sarntaler Straße – St. Jakob – Rafenstein – Sarntaler Straße

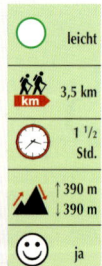

leicht

3,5 km

1 ½
Std.

↑390 m
↓390 m

ja

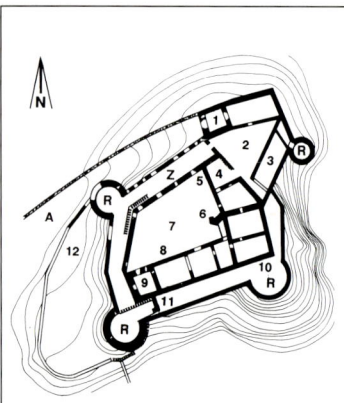

N

1

2 3 R

Z 5 4

R

7 6

12

8

9 10 R

11

R

A

R

Ausgangsort: Bozen.
Ausgangspunkt: Talstation der Jenesien-Seilbahn an der Sarntaler Straße, vom Zentrum 2,5 km. Stadtbusverbindungen. Parkplätze: Unterhalb der Sarntaler Straße am Taleruferer.
Wanderkarte: Mapgraphic 1:25 000, Blatt 10 (Bozen-Ritten).
Markierungen: Wegtafeln sowie rotweiße Zeichen.
Verkehrsanbindung: Autobahnanschlussstellen Bozen-Nord und -Süd. Vom Brenner 82 km, von Meran 27 km. Bahnhof. Busbahnhof nahe Bahnhof. Parken im Zentrum: Garage unter dem Waltherplatz.
Einkehr: Gasthof Rafenstein (Dienstag geschlossen); selbst angebaute Rot- und Weißweine. Ansonsten s. Tour 14.
Unterkunft: Zum Beispiel im zentrumsnahen Stadtteil Rentsch, problemlos erreichbar von der Autobahnausfahrt Bozen-Nord: Magdalenerhof★★★★, Tel. 0471/97 82 67. Rentschner Hof★★★, Tel. 0471/97 53 46. Pension Sonja, Tel. 0471/97 32 81. – Camping Moosbauer★★★★ (Moritzinger Str. 83), Tel. 0471/91 84 92.
Tourist-Info: Tourismusverein, Waltherplatz 8, I-39100 Bozen, Tel. 0471/30 70 00, Fax 98 01 28. E-Mail: bolzano@sudtirol.com, Internet: www.sudtirol.com/bolzano

Wandernkompakt Südtirol
Bruckmann

Etappen: Terlan – Margarethen-Promenade – Neuhaus – Terlan

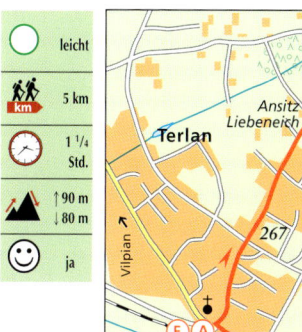

○	leicht
🏃 km	5 km
⏱	1 ¼ Std.
⛰	↑ 90 m ↓ 80 m
☺	ja

Ausgangsort: Terlan.
Wanderkarte: Mapgraphic 1:25 000, Blatt 10 (Bozen-Ritten).
Markierungen: Wegweiser; rotweiße Zeichen.
Verkehrsanbindung: Staatsstraße 38 zwischen Bozen (9 km) und Meran (18 km). Ausfahrt der Schnellstraße (»MeBo«). Die Stelle, an der die Ausfahrt in einer Art Kreisverkehr auf die Staatsstraße stößt, heißt bei den Einheimischen wegen der Unübersichtlichkeit »Woasnet-Kreuzung« – Vorsicht! Bahnhof. Busverbindungen. Parken: Gegenüber der Pfarrkirche, auf dem Dr.-Weiser-Platz (Tourismusbüro). Fußgängertunnel zur Kirche.
Einkehr: Gasthöfe in Terlan, z. B. Terlaner Dorfkeller. Restaurant Schützenwirt mit Gartenbetrieb, auch Pizza. Buschenschank Oberlegar, Eigenbauprodukte. Auch Hotels bei »Unterkunft«.
Unterkunft: Hotel Weingarten★★★, Tel. 04 71/25 71 74. Pension St. Peterhof★★, Tel. 04 71/25 71 54. Gästezimmer u. a. im Tschollhof, Villa Huber, Jägerheim. Camping im Ortsteil Vilpian: Ganthaler★★★, Tel. 04 71/67 87 16.
Tourist-Info: Tourismusverein, I-39018 Terlan, Tel. 04 71/25 71 65, Fax 25 78 30.

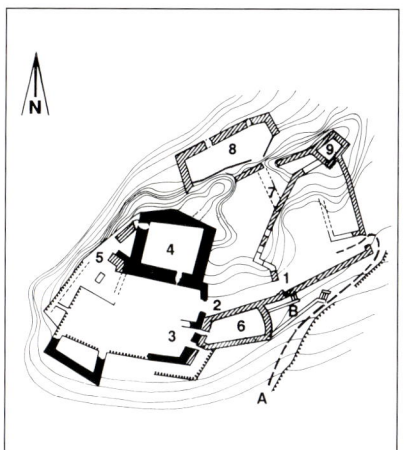

18 Schloss Katzenzungen

Etappen: Nals – Unterkasatsch – Prissian – Katzenzungen – Nals

○	leicht
🏃	6 km
🕐	1 ¾ Std.
⛰	↑ 300 m ↓ 290 m
☺	ja

Ausgangsort: Prissian.

Wanderkarte: Mapgraphic 1:25 000, Blatt 5 (Deutschnonsberg – Lana – Tisens).

Markierungen: Aufstieg rotweiße Zeichen.

Verkehrsanbindung: Von Vilpian 2,5 km (nächster Bahnhof), von Niederlana 8 km, von St. Pauls/Eppan 11,5 km. Busverbindungen. Im Ort beschilderte Parkplätze.

Einkehr: Am Aufstieg Gasthof Unterkasatsch (u. a. selbst geräucherter Speck, Mittwoch geschlossen). Ansonsten in Nals und Prissian (Mohrenwirt empfehlenswert).

Unterkunft: In Nals u. a. Pension Rosenbaum★★★,

Tel. 04 71/67 86 36. Hotels Nalserhof★★★★, Tel. 04 71/67 86 78. Pension Sandhofer★★★, Tel. 04 71/67 87 86. Garni Asper★, Tel. 04 71/67 84 34. Camping zum guten Tropfen★★, Tel. 04 73/67 80 46.

Tourist-Info: Tourismusverein, I-39010 Nals, Tel. 04 73/67 86 19, Fax 67 81 41. E-Mail: naturns@meranerland.com, Internet: www.meranerland.com/nals

Schloss Katzenzungen: Vor dem Schlossaufgang die größte Rebe Europas, eine der ältesten überhaupt, gepflanzt 1450. Ihr Laubdach beschirmt 350 Quadratmeter. Jährliche Ernte: 300–700 kg Trauben.

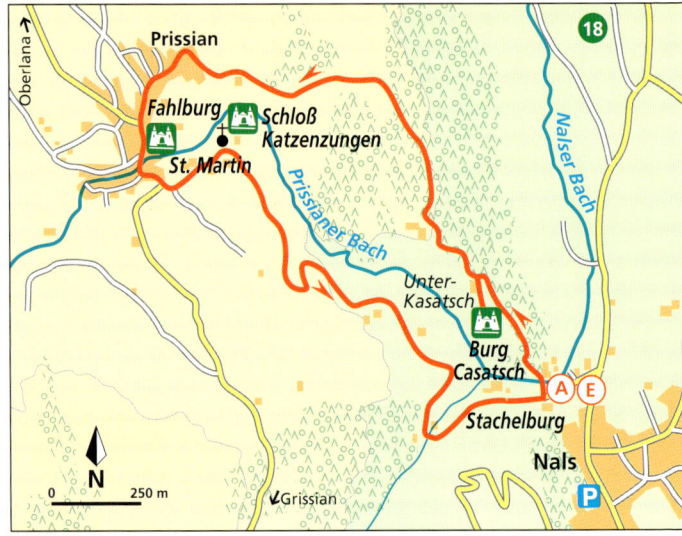

Eigenwillig: Westfront von Schloss Katzenzungen.

19 Ruinen Hocheppan – Boymont

Etappen: Korb – Unterhauser Keller – Hocheppan – Boymont – Korb

mittel

6 km

2 ¼ Std.

↑ 250 m
↓ 180 m

ja

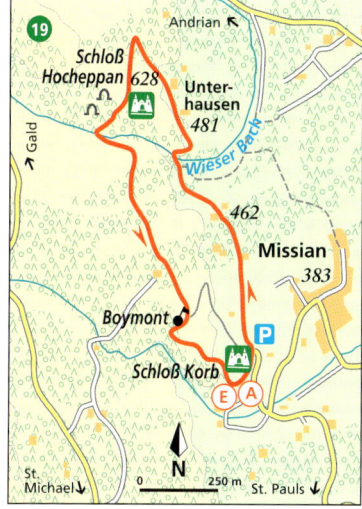

Wandernkompakt Südtirol
Bruckmann

Ausgangsort: St. Pauls/Eppan.
Wanderkarte: Mapgraphic 1:25 000, Blatt 8 (Überetsch-Mendel).
Markierungen: Wegetafeln sowie rotweiße Zeichen.
Verkehrsanbindung: Von Bozen (nächster Bahnhof) über Frangart-St. Pauls 9,5 km. Busverbindungen.
Ausgangspunkt: Parkplatz bei Schloss Korb, von St. Pauls/Eppan 2 km. Keine Busverbindung.
Einkehr: Unterwegs in den Jausenstationen Unterhauser Hof (Montag geschlossen), Hocheppan (s. Sehenswürdigkeiten), Boymont (Montag geschlossen), Korb (Montag geschlossen). In St. Pauls/Eppan rustikale Jausenstation Schreckensteinkeller; Bausubstanz 16. Jahrhundert. Restaurant Paulser Hof. Bistro Pasta & Co. Wein- und Sektlaube Kössler, Jausenteller, Donnerstag Kellerführungen.
Unterkunft: Schloss Korb ★★★★, Tel. 04 71/63 60 00, Internet: www.highlight-hotels.com/corb; in St. Pauls/Eppan bevorzugen wir Hotel Weingarten ★★★, Tel. 04 71/66 22 99. Garni Felderer ★★, Tel. 04 71/66 41 53. Garni Zobelhof ★, Tel. 04 71/66 41 78.
Tourist-Info: Tourismusverein I-39057 Eppan-St. Michael. Tel. 04 71/66 22 06, Fax 66 35 46. E-Mail: info@eppan.net, Internet: www.eppan.net
Ruinen Hocheppan – Boymont: Wegen Restaurierung Öffnungszeiten bei der Touristen-Information zu erfragen.

20 Ruine Sigmundskron

Etappen: Etschbrücke – Ruine Sigmundskron – Etschbrücke

leicht

3 km

1 Std.

↑ 130 m
↓ 130 m

ja

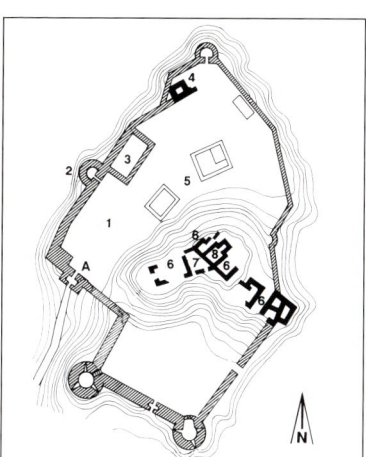

Wandernkompakt Südtirol
Bruckmann

Ausgangsort: Häusergruppe Sigmundskron.
Wanderkarte: Mapgraphic 1:25 000, Blatt 8 (Überetsch-Mendel).
Markierungen: Beschilderung sowie rotweiße Zeichen.
Verkehrsanbindung: Südtiroler Weinstraße, von Bozen 5 km. Bushaltestelle. Parkplätze; bei Nachfrage am Mendelhof.
Einkehr: Im Ort Gasthaus Mendelhof; Biergarten. Schlossgaststätte.
Unterkunft: Im benachbarten Frangart: Hotel Spitaler ★★★, Tel. 04 71/63 32 27. An der Straße nach Girlan: Hotel Sigmundskron ★★★, Tel. 04 71/63 32 05. Außerdem in Girlan sowie in St. Pauls/Eppan (Tour 19). Nächster Campingplatz bei Bozen (Moritzinger Str. 83): Moosbauer ★★★★, Tel. 04 71/91 84 92.
Tourist-Info: Tourismusverein, I-39057 Eppan-St. Michael. Tel. 04 71/66 22 06, Fax 66 35 46. E-Mail: info@eppan.net, Internet: www.eppan.net
Anmerkung: Die schmale, geteerte Zufahrt in die Burgruine Sigmundskron zweigt von der Südtiroler Weinstraße etwa 450 m nach Frangart nach einer Linkskurve plötzlich links ab.
Öffnungszeiten der Schlossgaststätte: März–Dezember von Di–Fr 17–1 Uhr, Sa/So 10–1 Uhr.

21 Ruine Leuchtenburg

Etappen: Kreither Sattel – Leuchtenburg – Kreither Sattel

○	leicht
🥾 km	2,5 km
🕐	1 Std.
⛰	↑ 200 m ↓ 200 m
🙂	ja

Wanderkompakt Südtirol Bruckmann

Ausgangsort: Kreither Sattel (382 m).
Ausgangspunkt: Westlich etwas unterhalb des Kreither Sattels zweigt (hölzerner Wegweiser, Markierung 13) südlich ein geschotterter Fahrweg ab, 100 m zu einem leer stehenden Haus (ca. 370 m). Dahinter Parkmöglichkeiten am Waldrand.
Wanderkarte: Mapgraphic 1:25 000, Blatt 8 (Überetsch-Mendel).
Markierungen: Hinweistafel sowie rotweiße Zeichen.
Verkehrsbindung: Von Kaltern um die Nordseite des Kalterer Sees und die Passstraße hoch: 5 km. Von der Autobahnausfahrt Neumarkt-Auer 9,5 km. Keine Busverbindung.
Einkehr: U. a. am Kalterer See (zeitweise erdrückender Massentourismus).
Unterkunft: Bei der Anfahrt von Kaltern bzw. Auffahrt zum Kreither Sattel: Frühstückspension Kreithof★★, familiär, Tel. 04 71/96 00 25. An der Seestraße (St. Josef am See) vom Autor bevorzugt Gasthof Kalterer See Hof★★, auch Gartenbetrieb, Tel. 04 71/96 01 57 . Benachbart Hotel Seeleiten★★★★, Tel. 04 71/96 02 00, sowie Thalhof★★★, Tel. 04 71/96 01 63. Nächste Campingplätze in Auer: Markushof★★★, Tel. 04 71/81 00 25. Wasserfall★★★, Tel. 04 71/81 05 19.
Tourist-Info: Tourismusverein, I-39052 Kaltern, Tel. 04 71/96 31 69, Fax 96 34 69.
E-Mail: tourismusverein.kaltern@rolmail.net,
Internet: www. hallo.com

---

22 Castelfeder

Etappen: Parkplatz – Castelfeder – Parkplatz

○	leicht
🥾 km	2 km
🕐	¾ Std.
⛰	↑ 150 m ↓ 150 m
🙂	ja

vom Parkplatz

Wanderkompakt Südtirol Bruckmann

Ausgangspunkt: Staatsstraße 48 oberhalb von Auer.
Wanderkarte: Mapgraphic 1:25 000, Blatt 8 (Überetsch-Mendel).
Markierungen: Wegweiser; teilweise rotweiße Zeichen.
Verkehrsbindung: Von Auer (Bahnhof) auf der Staatsstraße 48 Richtung Cavalese 2 km; rechts etwa 1 Dutzend Parkplätze bei einer Biotop-Informationstafel. Bus-Bedarfshaltestelle. An der Linkskurve kurz danach weitere Parkplätze. Von Kaltern 14 km.
Einkehr: In Auer u. a. Buschenschank Tschurtsch, Pizzeria Aura (35 verschiedene Pizze, auch Vollkorn).
Unterkunft: In Auer z. B. Hotel Groff★★★, Tel. 04 71/81 04 24. Hotel Mühle★★, Tel. 04 71/81 08 73. Gästehaus Rauch★, Tel. 04 71/81 01 95. Camping Wasserfall-★★★, Tel. 04 71/81 05 19. Markushof★★★, Tel. 04 71/81 00 25.
Tourist-Info: Tourismusverein, I-39040 Auer, Tel. 04 71/81 02 31, Fax 81 11 38.
E-Mail: info@auer.rolmail.net
Castelfeder: sehenswert »Kuchelen«, vermutlich römisch. Langobardisches Turmfundament. Mittelalterliche Kapellenruine. Prähistorische »Badewanne« und »Rutschbahn«.

23 Ruine Kaldiff

Etappen: Neumarkt – Kaldiff – Mazoner Spazierweg – Trudener Bach – Neumarkt

leicht

3,5 km

1 1/4 Std.

↑ 140 m
↓ 140 m

ja

Ausgangsort: Neumarkt.
Wanderkarte: Mapgraphic 1:25 000, Blatt 8 (Überetsch-Mendel).
Markierungen: Wegweiser und rotweiße Zeichen.
Verkehrsanbindung: Staatsstraße 12 südlich (24 km) von Bozen. Von der Autobahnausfahrt Neumarkt-Auer 2,5 km. Bahnhof. Busverbindungen. Parkplätze um die Altstadt beschildert.
Einkehr: Gasthöfe in Neumarkt, u. a. Önothek-Restaurant Johnson & Dipoli, kreative Küche je nach Jahreszeit, 400 Qualitätsweine, glasweise Verkostung. Siehe auch »Andreas Hofer« bei Unterkunft.
Unterkunft: Hotel Andreas Hofer★★★ (historisches Zentrum), Tel. 04 71/81 26 53. Gasthaus zum Goldenen Löwen★, Tel. 04 71/81 21 90. Hotel-Pension Villner Hof★★ (Ortsteil Vill), Tel. 04 71/81 21 90. Nächste Campingplätze in Auer: Markushof★★★, Tel. 04 71/81 00 25. Wasserfall★★★, Tel. 04 71/81 05 19.
Tourist-Info: Tourismusverein, I-39044 Neumarkt. Tel. 04 71/81 23 73, Fax 82 06 07.
Kaldiff: Sehenswerte Fresken in Räumen des Palas.

24 Ruine Haderberg

Etappen: Salurn – Haderburg – Salurn

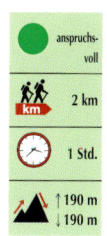

anspruchs-voll

2 km

1 Std.

↑ 190 m
↓ 190 m

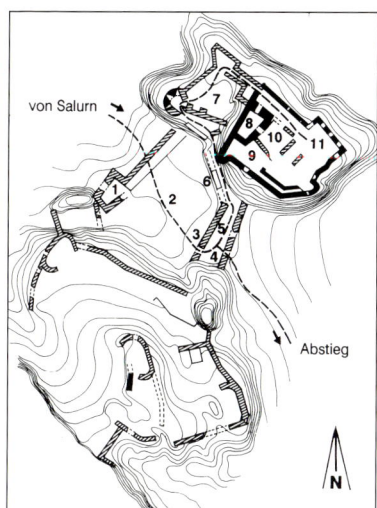

Ausgangsort: Salurn.
Wanderkarte: Mapgraphic 1:25 000, Blatt 13 (Unterland).
Markierungen: Keine.
Verkehrsanbindung: Staatsstraße 12 von Bozen 34 km. Bahnhof. Busverbindungen. Parken auf dem Josephsplatz (nach Piazza San Giuseppe fragen!).
Einkehr: In Salurn u. a. Pizzeria-Ristorante Lido. Hausmannskost in der Trattoria Klause.
Unterkunft: Gasthof Salurn★★, Tel. 04 71/88 42 72. In Buchholz Pension Kastion★★, Tel. 04 71/88 90 83. Albergo Ristorante Grünwald★★★, Tel. 04 71/88 90 92.
Tourist-Info: Tourismusverein, I-39040 Salurn. Tel. 04 71/88 42 79, Fax 88 50 66.

25 Ruine Maienburg

Etappen: Lana – Neu-Brandis – Ackpfeif – Völlan – Maienburg – St. Georg – Brandiswaal – Lana

mittel

10 km

3 Std.

↑ 550 m
↓ 540 m

ja

Ausgangsort: Lana.
Wanderkarte: Mapgraphic 1:25 000, Blatt 5 (Deutschnonsberg – Lana – Tisens).
Markierungen: Hinweisschilder; rotweiße Zeichen.
Verkehrsanbindung: Von Meran 9 km, von Bozen 24 km, Ausfahrten an der Schnellstraße (»MeBo«) beschildert. Busverbindungen u. a. mit Meran. Bahnhof 3 km außerhalb. Parkplätze um die Pfarrkirche Niederlana.
Einkehr: Unterwegs Jausenstation Alter Brandiser Weinkeller (ab 15 Uhr, Dienstag geschlossen), Buschenschank Obererhof, Obertalmühle (ab 10 Uhr,

Montag geschlossen). Völlan (u. a. Turmwirt Montag geschlossen). In Lana mehrere Gasthöfe, Pizzerien.
Unterkunft: Hotel Pöder★★★★, Tel. 04 76/56 12 58. Pension Katzenthaler Hof★★, Tel. 04 73/56 21 81. Gasthof Krone★, Tel. 04 73/56 13 51. Zwei Campingplätze, davon Arquin★★★, Mitte März–Mitte November, Tel. 04 73/56 14 69. In Völlan u. a. Camping Lido★★★, Tel. 04 73/56 81 38.
Tourist-Info: Tourismusverein, I-39011 Lana, Tel. 04 73/56 17 70, Fax 56 19 79.
E-Mail: lana@meranerland.com,
Internet: www.meranerland.com/lana

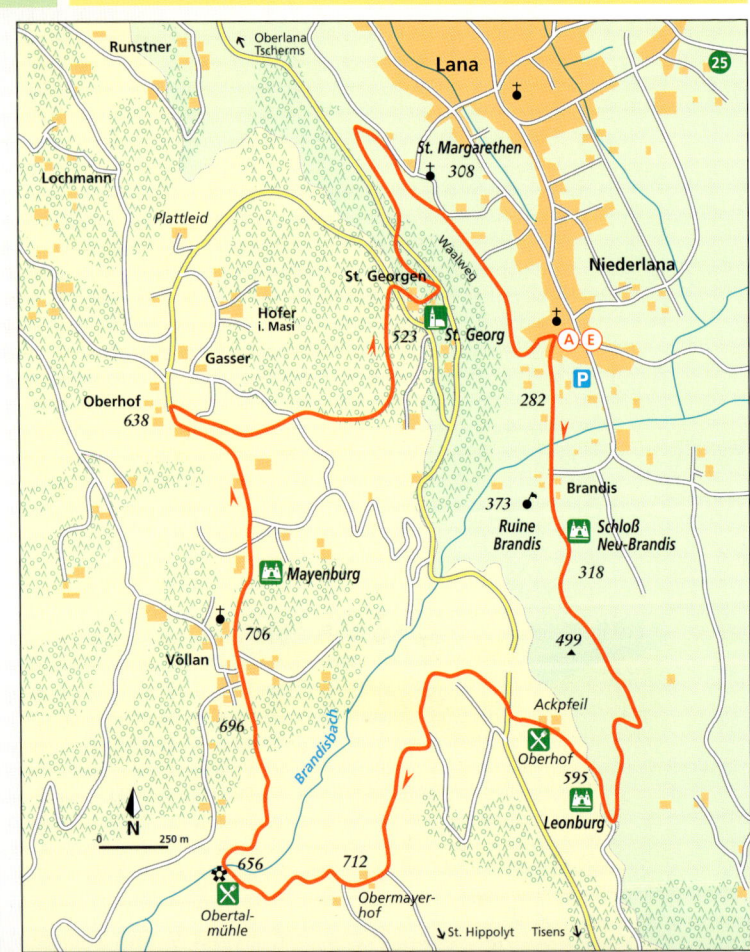

26 Schloss Lebenberg

Etappen: Lana – Marlinger Höhenweg – Heidenhof – Lebenberg – Marlinger Waal – Leitenschänke – Lana

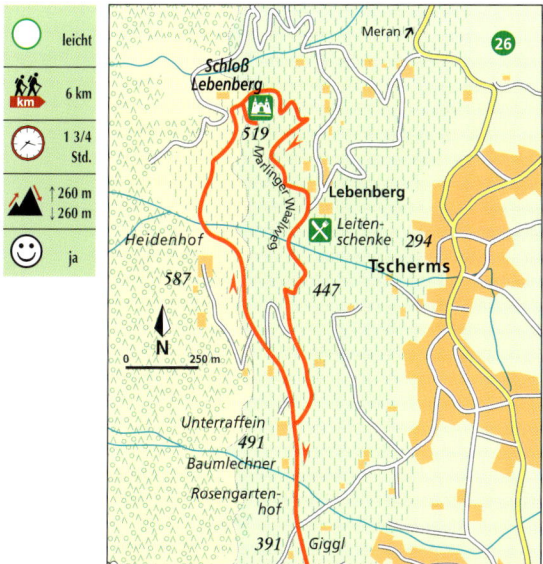

leicht	
6 km	
1 3/4 Std.	
↑ 260 m ↓ 260 m	
ja	

Ausgangsort: Lana, konkret Oberlana.

Wanderkarte: Mapgraphic 1:25 000, Blatt 5 (Deutschnonsberg – Lana – Tisens).

Markierungen: Streckenweise rotweiße Zeichen. Wegweiser.

Verkehrsanbindung: Von Meran 9 km, von Bozen 24 km, Ausfahrten an der Schnellstraße (»MeBo«) beschildert. Busverbindungen, u. a. regelmäßig mit Meran. Bahnhof (3 km außerhalb). Parkplätze in Oberlana an der Talstation der Vigiljoch-Seilbahn; Bus-Bahnhof.

Einkehr: Unterwegs Heidenhof, Leitenschänke (Freitag geschlossen). Ansonsten Gasthöfe in Lana, z. B. in Niederlana ab 15 Uhr, Alter Brandiser Weinkeller, auch Gartenbetrieb.

Unterkunft: Hotel Pöder★★★, Tel. 04 76/56 12 58. Pension Katzenthaler Hof★★, Tel. 04 73/56 21 81. Gasthof Krone★, Tel. 04 73/56 13 51. Camping Arquin★★★, Tel. 04 73/56 11 87.

Tourist-Info: Tourismusverein, I-39011 Lana. Tel. 04 73/56 17 70, Fax 56 19 79. E-Mail: lana@meranerland.com, Internet: www.meranerland.com/lana

Anmerkung: Schnellster Zugang (3 km) mit dem Auto in Tscherms durch Baslinger Straße – Lebenberger Straße – Parkplatz. Letztes Stück schmale Straße; etwa 10 Parkplätze.

Schloss Lebenberg: Führungen außer Sonntag von Ostern–Ende Oktober: 10.30–12.30 Uhr, 14–16 Uhr.

Schloss Lebenberg kann besichtigt werden.

27 Landesfürstliches Schloss Meran

Etappen: Passerpromenade – Kurpark – Pfarrkirche – Laubengasse – Landesfürstliches Schloss – Laubengasse – Theater – Passerpromenade

○ leicht

🚶 2 km

🕐 40 Min.

⛰ ↑ 10 m ↓ 10 m

☺ ja

Ausgangsort: Meran; Passerpromenade.
Wanderkarte: Stadtplan (nicht erforderlich).
Markierungen: Keine.
Verkehrsanbindung: Ausfahrt der Schnellstraße (»MeBo«) von Bozen (28 km). Vom Brenner 73 km, vom Reschenpass 79 km. Bahnhof. Busverbindungen. Gebührenpflichtig parken z. B. nordwestlich der Altstadt, außerhalb des Vinschgauer Tores; 5 Minuten vom Kurpark.
Einkehr: Z. B. typische Südtiroler Wirtshäuser in den Lauben. Restaurant Halsrainer. Birreria Forsterbräu (Freiheitsstraße).
Tourist-Info: Tourismusverein, I-39012 Meran. Tel. 04 73/23 52 23, Fax 23 55 24, E-Mail: info@meraninfo.it, Internet: www.meraninfo.it
Landesfürstliches Schloss: Geöffnet Dienstag–Samstag 10–17 Uhr. Sonn- und Feiertage 10–13 Uhr, Juli/August zusätzlich 16–19 Uhr.

28 Schloss Schenna

Etappen: Schenna – Waalweg – St. Georgen – Schenna

○ leicht

🚶 6 km

🕐 2 Std.

⛰ ↑ 250 m ↓ 250 m

☺ ja

Ausgangsort: Schenna.
Wanderkarte: Mapgraphic 1:25 000, Blatt 7 (Tschögglberg).
Markierungen: Wegweiser und rotweiße Zeichen.
Verkehrsanbindung: Von Meran (nächster Bahnhof) 6 km. Von Bozen 30 km. Busverbindungen. Parken u. a. oberhalb (nördlich) des Schlosses, links der Straße.
Einkehr: Unterwegs Gasthaus Pichler (Freitag geschlossen). St. Georgen. In Schenna z. B. Restaurant Schennerhof, Restaurant Tannerhof, Mair Stub'n, Schlosswirt, Eisdiele Da Mario, Pizzeria Petermann.
Unterkunft: Hotel Hohenwart ★★★★, Tel. 04 73/94 56 29. Hotel Alpenrose ★★★, Tel. 04 73/94 56 83. Gasthof Schön' Aussicht ★★, Ortsteil Verdins, Tel. 04 73/94 94 12. Gasthof Pichler ★, Tel. 04 73/94 56 14. Nächster Campingplatz: Meran ★★★, Piavestraße 44, Tel. 04 73/23 12 49.
Tourist-Info: Tourismusverein, I-39017 Schenna, Tel. 04 73/94 56 69, Fax 94 55 81. E-Mail: info@schenna.com, Internet: www.schenna.com
Anmerkung: Vom erwähnten Parkplatz zu Fuß etwa 5 Minuten zum Schloss. Oder vom Tourismusbüro (Bushaltestelle) bergauf.
Schloss Schenna: Führungen zwischen Ostern und Allerheiligen von Montag–Freitag: 10.30, 11.30, 14, 15, 16, 17 Uhr

29 Schloss Tirol

Etappen: Dorf Tirol – Schloss Tirol – St. Peter – Thurnstein – Dorf Tirol

○	leicht
🏃 km	4,5 km
🕐	1 ½ Std.
⛰	↑ 150 m ↓ 150 m
☺	ja

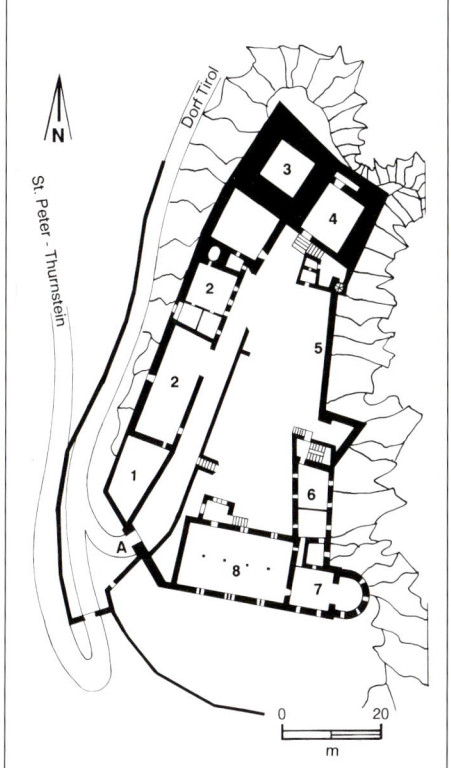

Ausgangsort: Dorf Tirol.
Wanderkarte: Kompass 1:25 000, Blatt 053 (Meran).
Markierungen: Hinweisschilder.
Verkehrsanbindung: Die Zufahrtsstraße (7,5 km) zweigt im Passeiertal ab, 2,5 km nördlich von Meran (nächster Bahnhof). Parkplätze u. a. im oberen Ortsteil rechts an der Hauptstraße vor dem Gasthaus-Restaurant Tiroler Adler. Busverbindungen. Von Meran zeitweise auch Sessellift. Zu Fuß ab Pfarrkirche über den Tiroler Steig 45 Min.
Einkehr: Unterwegs Wirtschaft Schloss Tirol, St. Peter, Thurnstein. Ansonsten in Dorf Tirol, z. B. Pizzeria-Restaurant Sparber (am Busparkplatz).
Unterkunft: Hotel Erika★★★★, Tel. 04 73/92 33 38. Hotel Mair am Ort★★★, Tel. 04 73/92 33 15. Gasthof zum Tiroler Adler★★, Tel. 04 73/92 34 91. Pension Birkenau★, Tel. 04 73/92 34 25. Schloss Auer, ins 12. Jahrhundert zurückreichend, Ferienwohnung, Tel. 04 73/92 36 25. Nächster Campingplatz: Meran★★★, Piavestraße 44, Tel. 04 73/23 12 49.
Tourist-Info: Tourismusverein, I-39019 Dorf Tirol. Tel. 04 73/92 33 14, Fax 92 30 12. E-Mail: dorf-tirol@sudtirol.com, Internet: www.sudtirol.com.dorf-tirol.it

Schloss Tirol, im Mittelalter das Zentrum der Macht in ganz Tirol.

30 Schloss Juval

Etappen: Tschars – Tscharser Schnalswaal – Sonnenhof – Schloss Juval – Tschars

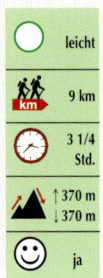

leicht

9 km

3 1/4 Std.

↑ 370 m
↓ 370 m

ja

Ausgangsort: Tschars.
Wanderkarte: Tabacco 1:25 000, Blatt 04 (Schnalstal).
Markierungen: Rotweiße Zeichen; Hinweisschilder.
Verkehrsanbindung: Vinschgauer Staatsstraße (SS 40), 22 km von Meran (nächster Bahnhof), 57 km vom Reschenpass. Parken vor dem Gasthaus Etzthalerhof an der Staatsstraße. Gegenüber Bushaltestelle.
Einkehr: Tschars. Unterwegs im Sonnenhof.
Unterkunft: In Tschars Hotel Sand★★★★, etwas außerhalb, Tel. 04 73/62 41 30. Gasthof Winkler★★, Tel. 04 73/62 41 34. Pension Kreuz★, Tel. 04 73/62 41 07. Camping in Latsch★★★★, Tel. 04 73/62 32 17. In Naturns zwei Campingplätze.
Tourist-Info: Tourismusverein,
I-39020 Kastelbell-Tschars,
Tel. 04 73/62 41 93, Fax 62 45 59,
E-Mail: kastelbell@suedtirol.com,
Internet: www.kastelbell.suedtirol.com
Schloss Juval: Führungen ab Sonntag vor Ostern–Ende Juni und vom 1. September–Mitte November stündlich zwischen 10 und 17 Uhr, 16 Uhr letzte Führung.

31 Schloss Kastelbell

Etappen: Kastelbell – Schloss – Hochgalsaun – Kastelbell

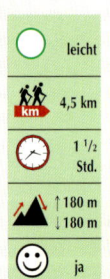

leicht

4,5 km

1 1/2 Std.

↑ 180 m
↓ 180 m

ja

Ausgangsort: Kastelbell.
Wanderkarte: Tabacco 1:25 000, Blatt 04 (Schnalstal).
Markierungen: Rotweiße Zeichen.
Verkehrsanbindung: Vinschgauer Staatsstraße (SS 40), von Meran (nächster Bahnhof) 25 km. Busverbindungen. Parken am ehemaligen Bahnhof am südlichen Etschufer.
Einkehr: Gasthöfe in Kastelbell, z. B. Restaurant Petersilie.
Unterkunft: Hotel Bauhof★★★,
Tel. 04 73/62 41 45. Gasthof-Pension Gstirnerhof★★, Törggelkeller, Tel. 04 73/62 40 32. Pension Stiag'n Guat★, Tel. 04 73/62 40 07. Nächster Campingplatz in Latsch★★★, Tel. 04 73/62 32 17.
Tourist-Info: Tourismusverein
I-39020 Kastelbell-Tschars. Tel. 04 73/62 41 93, Fax 62 45 9. E-Mail: kastelbell@suedtirol.com, Internet: www.kastelbell.suedtirol.com

Wanderkompakt Südtirol
Bruckmann

Wanderkompakt Südtirol
Bruckmann

32 Obermontani – Untermontani

Etappen: Morter – Martelltal – Obermontani – Untermontani – Morter

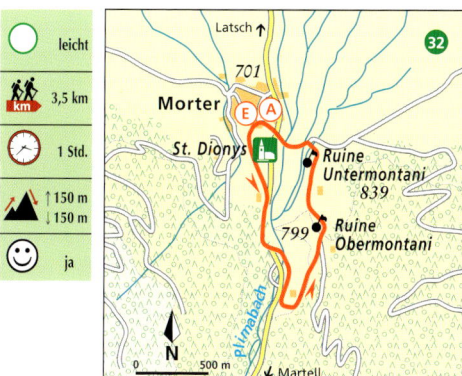

○	leicht
🏃 km	3,5 km
🕐	1 Std.
⛰	↑150 m ↓150 m
☺	ja

Ausgangsort: Morter
Wanderkarte: Freytag & Berndt 1:30 000, Blatt 12 (Naturns, Schnalstal, Latsch).
Markierungen: Hinweistafeln; rotweiße Zeichen.
Verkehrsanbindung: Die Zufahrten zweigen von der Vinschgauer Staatsstraße (SS 40) in Goldrain (Tafel »Martell«) und Latsch ab. Busverbindungen.
Einkehr: Hotels in Morter, Café Stroblhof, Café Hanny. Im nahen Goldrain (Ortsteil Schanzen) historische Gaststätte Obermoosburgkeller, Grillspezialitäten, einheimische Kost, 16–24 Uhr, Dienstag geschlossen.
Unterkunft: Hotel Krone★★★, Tel. 04 73/74 21 15. Hotel Adler★★★, Tel. 04 73/74 20 38. Pension Martin★★, Tel. 04 73/74 20 49. Pension Daniel★, Tel. 04 73/74 20 51. Ferienwohnung Schlosshof zu Montani, Tel. 04 73/74 23 44. Nächster Campingplatz in Goldrain: Cevedale★★★, Tel. 04 73/74 21 32.
Tourist-Info: Tourismusverein, I-39020 Morter, Tel. 04 73/74 20 76, Fax 62 20 42.

Wandernkompakt Südtirol
Bruckmann

33 Churburg

Etappen: Schluderns – Churburg – Vernalhof – Bergwaal – Edelweißsteig – Churburg – Schluderns

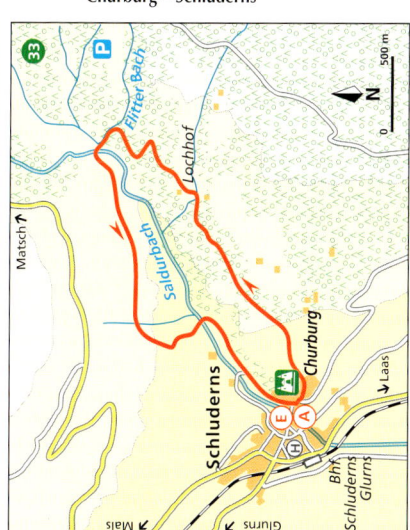

◐	mittel
🏃 km	7,5 km
🕐	2 ½ Std.
⛰	↑350 m ↓350 m
☺	ja

Ausgangsort: Schluderns.
Wanderkarte: Freytag & Berndt 1:50 000, Blatt 2 (Vinschgau, Südliche Ötztaler Alpen).
Markierungen: Hinweistafeln; rotweiße Zeichen.
Verkehrsanbindung: Vinschgauer Staatsstraße (SS 40); von Meran 35 km, vom Reschenpass 30 km. Busverbindungen. Beschilderte Parkplätze.
Einkehr: In Schluderns, u. a. Wenno's Treff im Hotel Engel, Restaurant-Pizzeria Alte Mühle, Gasthaus Weißes Kreuz, Jausenstation Birkenhof (etwas außerhalb).
Unterkunft: Gasthof zum Weißen Rössl★★, Tel. 04 73/61 53 00. Hotel Engel★★, Tel. 04 73/61 52 78. Pension Ortlerblick★★, Tel. 04 73/61 55 54. Nächster Campingplatz in Tartsch: Zum Löwen★★★, Tel. 04 73/83 15 98.
Tourist-Info: Tourismusverein, I-39020 Schluderns, Tel. 04 73/61 52 58, Fax 61 54 44, E-Mail: schluderns@suedtirol.com, Internet: www.vinschgau.suedtirol.com
Churburg: Führungen außer Montag von Ende März–1. November zwischen 10 und 12 Uhr, 14 und 16.30 Uhr.

Wandernkompakt Südtirol
Bruckmann

34 Lichtenberg

Etappen: Glurns – St. Martin – Bergwaal – Lichtenberg – Glurns

mittel

11,5 km

3 ½ Std.

↑ 200 m
↓ 200 m

ja

Ausgangsort: Glurns.
Wanderkarte: Freytag & Berndt 1:50 000, Blatt 2 (Vinschgau, Südliche Ötztaler Alpen).
Markierungen: Hinweistafeln; rotweiße Zeichen.
Verkehrsanbindung: Von Schluderns (Vinschgauer Staatsstraße) 3 km, von Prad 6,5 km. Busverbindungen. Parken am besten südlich außerhalb der Mauern bzw. vor dem »Kirchporten« bei der Pfarrkirche St. Pankraz.
Einkehr: Neben den bei »Unterkunft« genannten Betrieben u. a. Gasthof-Metzgerei Steinbock. Pizzeria Renate (auch Steaks, Nudel- und Fischgerichte). Stadtcafé in einem historischen Innenhof.
Unterkunft: Vom Autor bevorzugt in der Altstadt von Glurns: Hotel Post★★, einer der ältesten Gasthöfe Südtirols, seit rund 500 Jahren Besitz der Familie Karner, Tel. 04 73/83 12 08. Hotel Krone★★, Tel. 04 73/83 14 40. Gasthof Weisses Kreuz★, Tel. 04 73/83 14 55. Nächster Campingplatz in Tartsch: Zum Löwen★★★, Tel. 04 73/83 15 98.
Tourist-Info: Tourismusverein, I-39020 Glurns.
Tel.★ Fax 04 73/83 10 97,
E-Mail: glurns@suedtirol.com,
Internet: www.glurns.suedtirol.com

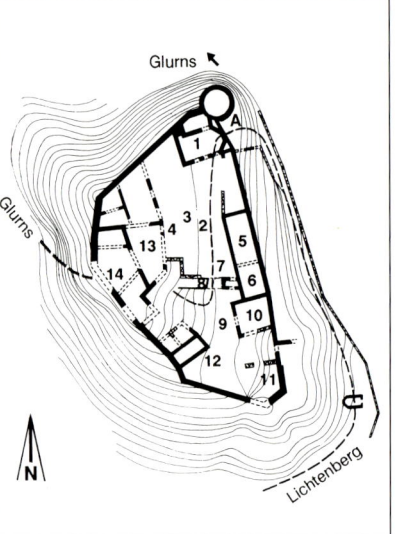

35 Reichenberg und Rotund

Etappen: Taufers – Reichenberg – Rotund – Turnaunawaal – Taufers

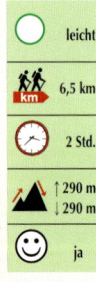

leicht

6,5 km

2 Std.

↑ 290 m
↓ 290 m

ja

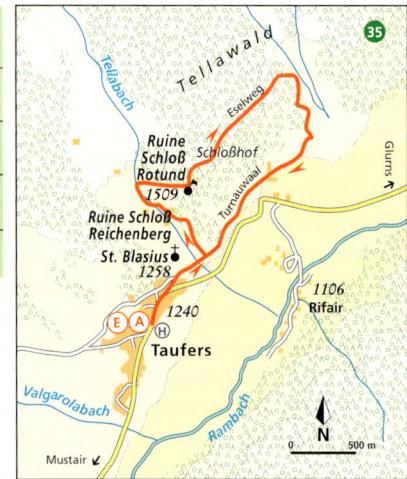

Ausgangsort: Taufers/Münstertal.
Wanderkarte: Freytag & Berndt 1:50 000, Blatt 2 (Vinschgau, Südliche Ötztaler Alpen).
Markierungen: Wegweiser und rotweiße Zeichen.
Verkehrsanbindung: Straße aus dem oberen Vinschgau ins Münstertal. Von Glurns 8 km, von Meran über Schluderns 60 km. Busverbindungen. Parkplätze am Ortseingang sowie beim Gemeindehaus/Touristikbüro.
Einkehr: Hotel Lamm.
Unterkunft: In Taufers Hotel Lamm★★★, Tel. 04 73/83 21 68. Weitere Hotels in Glurns (Tour 34). Nächster Campingplatz in Tartsch: Zum Löwen★★★, Tel. 04 73/83 15 98.
Tourist-Info: Tourismusverein, I-39020 Taufers/Münstertal, Tel. 04 73/83 21 68, Fax 83 23 53, E-Mail: vinschgau@suedtirol.com, Internet: www.vinschgau.suedtirol.com